Introduction

　冷凍保存をするようになって25年ほどが過ぎました。

　特にこの10年ほどは、家族の食材だけでなく、営んでいるお店の仕込みでも冷凍保存が欠かせなかったり、また企業様の商品開発アドバイザーを務めさせていただいたりすることもあり、プライベートでも仕事でも冷凍保存一色の日々を過ごしています。

　昨今の業務用冷凍庫の冷凍技術は素晴らしいです。どうにか家庭用の冷凍庫でも業務用レベルに冷凍できないかと、あらゆる方法を調べ、試作し、冷凍レシピを考えていたところ、この本の企画にたどりつきました。わが家で実践している、家庭用の冷凍庫でできる最高レベルの保存術。自信をもってご紹介します!

私の冷凍保存は

無理なく続けられること
安心・安全であること
おいしく食べられること

を大切にしています。

　冷凍すればなんでもおいしく安全に長期保存できるわけではないので、本書ではできるだけ色や食感、味わいを損ねない

　保存方法を紹介。冷凍保存のメリットだけでなく、デメリットも正直に記載しました。
　冷凍保存を取り入れると、暮らしが驚くほどラクにまわるようになります。使うあてはないけど特売で買ってしまった食材も、冷凍すれば無駄なく使い切れます。一度にちょっとしか使わない薬味は、まとめて下処理して冷凍しておくとちょこちょこ使えて便利。市販のお団子だって、冷凍しておけば小腹がすいたときにレンジで解凍しておやつにつまめます（笑）。離れて暮らす家族に栄養のある食事を届けられるのも魅力。
　買ってきた食材は、「下味をつけて冷凍」したり、「グラムごとに計量して小分け冷凍」したりできれば最高なのですが、その時間がないときもあります。そんなときはとりあえずパックのまま冷凍してしまいましょう。これまでの冷凍保存本ではおすすめできないとされていたパックごとの冷凍ですが、忙しい日々ではそうせざるを得ない日もあります。でもご安心ください！ それらをおいしい料理に変身させるレシピも掲載しています。パックごとガチガチに凍ったお肉も解凍せずに調理できますよ！
　冷凍を暮らしに取り入れていくうちに、時間が貯まったり、お金が節約できたり。みなさまのゆとりある毎日を、私の冷凍保存でサポートできたら幸いです。

松本ゆうみ（ゆーママ）

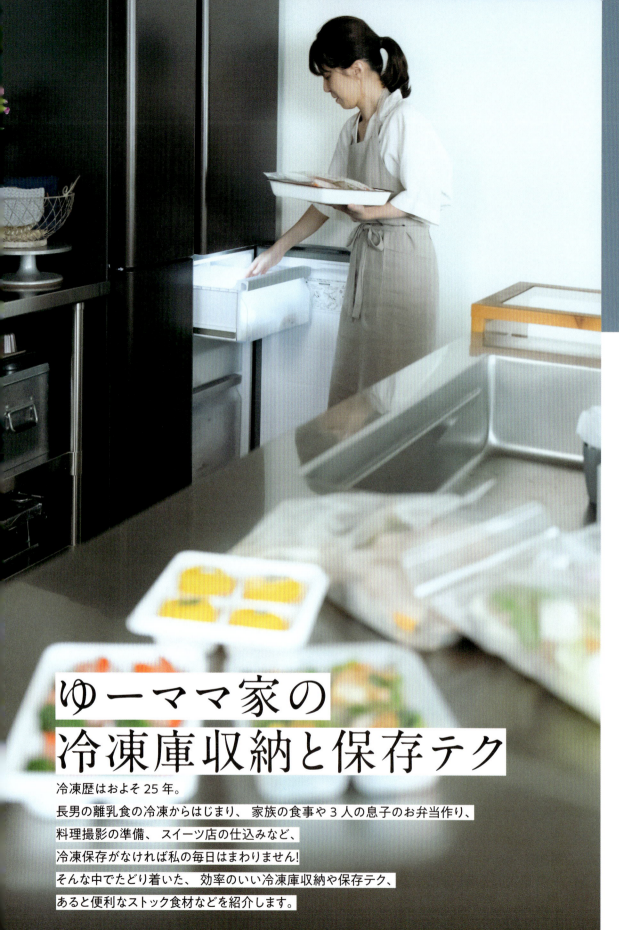

ゆーママ家の
冷凍庫収納と保存テク

冷凍歴はおよそ25年。
長男の離乳食の冷凍からはじまり、家族の食事や3人の息子のお弁当作り、
料理撮影の準備、スイーツ店の仕込みなど、
冷凍保存がなければ私の毎日はまわりません!
そんな中でたどり着いた、効率のいい冷凍庫収納や保存テク、
あると便利なストック食材などを紹介します。

おうち冷凍の基本

家庭用の冷凍庫の温度はマイナス15℃前後が一般的。雑菌が増えにくい温度ではありますが、安心・安全な冷凍保存のために、基本を必ず守ってください。

清潔な容器、調理器具を使う

冷凍に使う容器や調理器具は清潔なものを用意。雑菌の繁殖を防ぐため、冷凍用保存袋の再利用は厳禁です。もちろん、きれいに洗った清潔な手で作業してくださいね。

新鮮な食材を使う

冷凍すると保存できる期間が長くなりますが、殺菌できるわけではありません。変色した肉や賞味期限ギリギリの食材は冷凍NGです。

再冷凍しない

解凍した食材をもう一度冷凍すると、味や食感が劣化してしまいます。また、解凍時に付着した雑菌が繁殖しやすくなるので再冷凍はしないこと。解凍したら使い切りましょう。

保存期間は3週間が目安

生の食材は冷凍後3週間を境に食感の悪さや味や香りの劣化が目立ちはじめます。冷凍したら3週間以内に食べ切るのがおすすめです。食材によってはもっと長く保存できるものもありますので、各ページの冷凍保存期間の目安を参考にしてください。

Freezing Basics

1 取り出しやすいように仕分け収納

冷凍庫の中がゴチャゴチャで食材が取り出しにくいと、冷凍庫を開けっぱなしにする時間が増えます。すると庫内の温度があがり、食材が冷凍やけする原因に！ 100円ショップなどで買える収納ボックスに「野菜」「ご飯」「肉」など、食材別に仕分けて入れておきましょう。また箱入りアイスは箱から出し、収納ボックスに入れた方が省スペースで保存できます。

2 立てて収納し、"食材の化石化"を防ぐ

寝かせて収納すると地層のように冷凍食材が折り重なり、年末の大掃除で化石のようになった肉を発見！なんてことも。フードロスを防ぐためにも食材はできるだけ立てて収め、ひと目でわかるように。探す時間が減れば、庫内の温度もキープでき、食材が傷まずにすみます。何が入っているかマスキングテープにメモをして、見やすい位置に貼っておくのもおすすめ。手前に古いもの、奥に新しいものを入れ、循環させてくださいね。

3 ペットボトルですき間を埋めて低温キープ

冷凍庫はできるだけパンパンに詰めておくと、お互いに冷やし合って低い温度が保てます。空いたスペースには、保冷剤や冷凍可能なペットボトルなどを詰めておきましょう。ペットボトルの水やスポーツ飲料を冷凍しておくと、熱中症対策や災害時の備えにもなって一石二鳥。

空気を抜いて密閉冷凍！

冷凍用保存袋に空気が入っていると、食材が酸化しやすくなります。袋の端にストローを差し込み、できるだけ空気を口で吸い出してから冷凍しましょう。ただし、生肉、生魚など生食できない食材が入っている場合、絶対にストローを使わないこと！ 手で押さえて空気を抜くだけにしてくださいね。

図解！ゆーママ家の冷凍庫

ゆーママ家の冷凍庫を図解して紹介します。
お使いの冷凍庫によって場所などを工夫しながら、アイデアを参考にしてください。

上段

下段

上段

浅い上段トレーには、立てて置く縦収納に向かない保存容器に入れたみそやジャムなどを入れています。新しく冷凍するもののために少しスペースに余裕を持たせ、急速冷凍用のホーローバットもここに設置。また、もともと2段ついていたスライド式のトレーを1段外して取り出しやすくしています。自分が使いやすい冷凍庫にカスタマイズするのも大事です。

下段

深さがある下段には、縦収納でぎっしりと食材を詰めて冷凍します。取り出しやすい手前には、よく使うご飯やパンを入れて。また、市販の冷凍うどんや冷凍パスタは業務用の冷凍庫でがっちり凍らせているため、開閉時の温度上昇の影響を受けにくく、手前に入れるのに適しています。反対に自家製の冷凍野菜などは、結露しないように奥の方に入れておきましょう。

①

みそ&ジャム
ホーロー容器に入れてラップを密着させ、ふたをして冷凍する。みそもジャムもカチカチには凍らないので扱いやすい。（詳しくはP.82〜83）

②

急冷スペース
急速冷凍専用の冷凍庫がなくても熱が伝わりやすいホーローやアルミのバットに食材をのせれば、スピーディーに凍らせることが可能。おいしさをキープできる。冷凍用保存袋に入れたらまずはここに置き、凍ってから立てて収納すると◎。

③
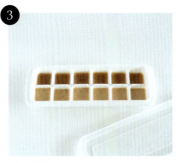

市販ドレッシング
余りがちなドレッシングの冷凍には、製氷皿がぴったり。1キューブが1回使用分。（詳しくはP.82）

④

自家製小分けお弁当おかず
お弁当用のおかずは、製氷皿や離乳食用のトレーに小分けして冷凍しておくと便利。ちょっとずつ組み合わせて、彩りのよいお弁当がパッと作れる。

⑤

ミックスチーズ
ミックスチーズは、冷凍用保存袋に入れて冷凍。サッとほぐしておくと、チーズ同士がくっつかない。（詳しくはP.85）

⑥

みそ玉&スープ玉
毎日のように飲む汁物は、みそ玉やスープ玉があると重宝する。多めに作って冷凍用保存袋にまとめておく。（詳しくはP.98〜99）

⑦

食パン
乾燥しやすいパンはラップに包み、アルミ箔で包んでさらにアルミバッグに入れて冷凍。におい移りや乾燥を防いでくれるアルミバッグは、100円ショップなどでも手に入る。（詳しくはP.90）

⑧

自家製ベジミックス
CHAPTER1（P.11〜）で紹介する自家製ベジミックスは、100円ショップで買ったボックスにまとめて立てて収納。ボックスにすき間ができたら、保冷剤や冷凍できるペットボトル飲料を入れて倒れないようにする。

⑨

ご飯
白ご飯だけでなく、ケチャップライスや炊き込みご飯もお茶碗1杯分ずつラップで包んで冷凍。ボックスに立てて入れると取り出しやすい。（詳しくはP.77）

⑩

卵
卵はよく洗ってからまるごと冷凍が断然便利！凍ると体積が増えて殻が割れることがあるので、必ず保存容器に入れてしっかりふたをする。（使い方はP.48〜）

⑪

肉類
買ってきたものの時間がないときは、新鮮なうちにパックごと冷凍を。ドリップがもれる心配がある場合はポリ袋に入れておくと安心。下処理や小分けする余裕があれば、する。（パックごと冷凍肉の使い方はP.34〜）

Contents

- 002 Introduction
- 004 ゆーママ家の冷凍庫収納と保存テク
- 005 おうち冷凍の基本
- 006 図解！ゆーママ家の冷凍庫

CHAPTER 1 自家製ベジミックス

- 012 **スタミナ炒めミックス**
  ホイコーロー／牛こまスタミナ炒め
- 014 **根菜ベースミックス**
  揚げない酢豚／鶏と根菜のみそ炒め
- 016 **彩り野菜ミックス**
  汁なし焼きちゃんぽん／八宝菜
- 018 **3色ミックス**
  チンジャオロースー／ピーマンとたけのこの肉巻き
- 020 **野菜炒めミックス**
  豆腐チャンプルー／定番の肉野菜炒め
- 022 **洋風ミックス**
  かぼちゃとブロッコリーのグラタン／かぼちゃシチュー
- 024 **イタリアンミックス**
  ガパオ風ライス／ナポリタン
- 026 **おふくろの味ミックス**
  おだしいらずのクイック豚汁／五目ご飯
- 028 **なすおかずミックス**
  豚バラなす炒め／マーボーなす
- 030 **きのこミックス**
  きのこのホイル焼き／きのこのぺぺたま
- 032 **column1 冷凍できる薬味だれ**
  ねぎのだしポン酢だれ／しょうがだれ／青じそだれ

CHAPTER 2 買ってきたまま！まるごと冷凍＆解凍なし調理

- 034 **豚バラ薄切り肉**
  豚バラとピーマンの黒こしょう炒め／
  豚バラキムチ豆腐煮込み
- 036 **鶏もも肉**
  イタリアンチーズチキン／鶏肉の甘酢しょうが蒸し
- 038 **鶏手羽元**
  手羽元と卵のさっぱり照り煮／
  手羽元とじゃがいもの塩スープ煮
- 040 **合いびき肉**
  照り焼きハンバーグ／キーマカレー
- 042 **たら**
  たらの煮つけ／
  たらとあさりのアクアパッツァ風スープパスタ
- 044 **木綿豆腐**
  肉豆腐／炒り豆腐
- 046 **厚揚げ**
  厚揚げとなすと含め煮／厚揚げ肉巻きステーキ
- 048 **卵**
  ごちそう目玉焼き丼／肉巻き半熟卵のガリバタ焼き
- 050 **column2 クッキーの素** アイスボックスクッキー

CHAPTER 3 野菜のちょい仕込み冷凍

- 052 **トマト**
  トマトとたこの中華風サラダ

- 054 **なす**
  なすのお浸し
- 056 **大根**
  大根とゆで卵の煮物
- 058 **玉ねぎ**
  オニオングラタン風まるごと蒸し
- 060 **キャベツ**
  キャベツのガーリックステーキ
- 061 **かぼちゃ**
  かぼちゃのハニマスサラダ
- 062 **レタス**
  レタスのしみしみ和風煮
- 063 **もやし**
  もやしのナムル
- 064 **にら**
  にらのお浸し
- 065 **オクラ**
  オクラの梅おかかあえ
- 066 **小松菜**
  小松菜と油揚げの酢みそあえ
- 067 **きゅうり**
  たたききゅうりのやみつき漬け
- 068 **じゃがいも**
  じゃがコーンのおかかバターじょうゆ炒め
- 069 **にんじん**
  にんじんとさつま揚げの照り煮
- 070 **れんこん**
  れんこんとベーコンの重ね焼き
- 071 **ごぼう**
  ごぼうと牛肉のしょうが炒め
- 072 **ブロッコリー**
  ブロッコリーとツナの和風からしマヨサラダ
- 073 **白菜**
  ロール白菜の中華風レンジ蒸し
- 074 **しめじ**
  豆腐のきのこあん

CHAPTER 4 できあがったものをおいしく冷凍

- 076 ホットケーキ
- 077 ご飯　チャーハン
- 078 焼きおにぎり　だししょうゆ焼きおにぎり
  チュモッパ（韓国風焼きおにぎり）
- 079 カレー　おでん
- 080 お好み焼き　炒り卵

CHAPTER 5 市販品の長持ち冷凍

- 082 みそ　ドレッシング
- 083 ジャム　バター
- 084 生クリーム（動物性）　ヨーグルト
- 085 ミックスチーズ　クリームチーズ
  春巻きの皮　餃子の皮
- 086 しょうが　にんにく　パセリ　青ねぎ
- 087 ベーコン　ちくわ
  ウインナーソーセージ　もち
- 088 お団子　レモン
- 089 肉のゆで汁　あさり
- 090 食パン　フレンチトースト

CHAPTER 6 家族に届けたい「仕送り」冷凍ごはん

- 092 「仕送り」肉おかず
  煮込みハンバーグ／すき焼き／
  鶏肉と彩り野菜の甘酢あん
- 094 「仕送り」魚おかず
  ぶり大根／鮭と彩り野菜のみそ蒸し
- 095 「仕送り」どんぶり
  しょうが焼き丼／照り玉チキン丼
- 096 「仕送り」コンテナ麺
  肉うどん／ちゃんぽん麺
- 097 「仕送り」洋食おかず
  シーフードグラタン／ふわふわオムレツ

- 098 column3 冷凍みそ玉＆スープ玉
  豆腐とねぎのみそ玉／
  なすとわかめの赤だしみそ玉／
  にらとキャベツのピリ辛ごまみそ玉／
  チーズとBLTのスープ玉／
  オクラとめかぶのねばねばスープ玉／
  中華風春雨スープ玉

- 100 column4 もちもち水浸け冷凍パスタ

CHAPTER 7 レトルト不要の下味冷凍ミックス

- 102 炊き込みご飯ミックス　五目炊き込みご飯
- 103 ミネストローネミックス
  具だくさんミネストローネスープ
- 104 えびピラフミックス　えびピラフ
- 105 バターチキンカレーミックス
  バターチキンカレー
- 106 担々麺ミックス　担々麺
- 107 親子丼ミックス　親子丼
- 108 海鮮チヂミミックス　海鮮チヂミ
- 109 スンドゥブミックス　スンドゥブ
- 110 チキンライスミックス
  ふわふわ卵のオムライス
- 111 カレーうどんミックス　カレーうどん

本書のきまりと冷凍の注意

■ 計量単位は大さじ1＝15㎖、小さじ1＝5㎖、1合＝180㎖、「少し」は人さし指と親指でつまんだ量です。また、材料欄にある食材の各グラム数は目安です

■ 玉ねぎ、にんじんなど基本的に皮をむいて調理する野菜は皮をむく工程を、なす、かぼちゃなど基本的にヘタやワタや種を除く野菜はその工程を、しいたけ、しめじなど基本的に石づきを除くきのこはその工程を省いて説明しています

■ めんつゆは2倍濃縮のものを使用しています

■ 電子レンジやオーブントースターの加熱時間は目安です。お使いの機種や食材の状況によって差が出る場合があります

■ 保存期間は目安です。お使いの調理器具の衛生状態や食材の状況、冷凍庫の使用環境などによって異なる場合があります

■ 保存の際は清潔な冷凍用保存袋や冷凍用保存容器を使用してください。保存袋の使いまわしは避けてください

■ 一度解凍したものを再冷凍することは厳禁です

CHAPTER 1

自家製 ベジミックス

野菜を2〜5種組み合わせ、どの食材にもほぼ同じタイミングで
火が通るように切り方を工夫した冷凍ミックスです。
わが家に欠かせない冷凍品で、これがあれば、
肉や魚に足して栄養バランスのいいメインおかずがあっという間に作れます。
冷凍保存して3週間が味の分かれ目。3週間以上冷凍保存しても
食べられなくなるわけではありませんが、
冷凍やけなどにより、水分が出て味がやや落ちます。逆に冷凍後、
1週間ほどなら水分が出にくく、色味も食感もいい状態で味わえますよ。

□ 新鮮な食材を使用してください

□ 野菜はきれいに洗ってしっかり水気を拭いてから保存してください

□ 保存袋は冷凍用の清潔なものを使用し、使いまわさないでください

011

スタミナ炒めミックス

CHAPTER 1 自家製ベジミックス

MIXED VEGE 001

解凍してもあまり水っぽくならない、炒め物向きな緑の野菜のミックス。にんにくの芽は冷凍前後で食感が変わりにくく、香りでがっつり感も出せる優秀食材。肉と合わせてサッと1品作れます。

冷凍保存期間 **3週間**

材料 保存袋・中サイズ1袋分

- ピーマン（5mm幅の細切り）…… 2個
- キャベツ（3cm大のざく切り）…… 1/8個
- 長ねぎ（1cm厚さの斜め切り）…… 1本
- にんにくの芽（5cm長さに切る）…… 6本

作り方

ペーパータオルで野菜の水分をしっかり拭き、冷凍用保存袋に入れる。できるだけ平らにし、ストローなどで空気を抜いて冷凍する。

スタミナ炒めミックスは豚肉と好相性。肉→調味料→スタミナ炒めミックスの順でフライパンへ入れるのが、冷凍ベジミックスを使ってシャッキリおいしい炒め物を作るコツ。

RECIPES FOR USE ✳✳✳

ホイコーロー

材料 2人分

- 冷凍スタミナ炒めミックス …… 1/2袋
- 豚バラ薄切り肉（4cm長さに切る）…… 150g
- A しょうゆ …… 大さじ1
  砂糖、テンメンジャン（またはみそ）…… 各小さじ2
  おろしにんにく（チューブ）、豆板醤 …… 各小さじ1/3
- ごま油 …… 小さじ2

作り方

1. フライパンにごま油をひき、豚肉を入れて中火にかけ、肉色が変わるまで炒める。
2. 混ぜ合わせたAを加え、少し煮詰まるまで炒める。
3. 強火にして凍ったままのスタミナ炒めミックスを加え、3分ほど炒める。

牛こま スタミナ炒め

材料	2人分

冷凍スタミナ炒めミックス
　……1/2袋
牛こま切れ肉 …… 150g
A　しょうゆ …… 大さじ1と1/2
　　砂糖 …… 小さじ2
　　おろしにんにく（チューブ）、
　　豆板醤 …… 各小さじ1/3
ごま油 …… 小さじ2

作り方

1. フライパンにごま油をひき、牛肉を入れて中火にかけ、肉色が変わるまで炒める。
2. 混ぜ合わせたAを加え、少し煮詰まるまで炒める。
3. 強火にして凍ったままのスタミナ炒めミックスを加え、3分ほど炒める。

> 牛こまで作るから肉を切る手間がなく、包丁も不要。ただ、炒めすぎると水っぽくなるので気をつけて。冷凍ベジミックスを加えたら、3分ほどで完成です。

こんな料理にも
- 豚肉と合わせ、しょうがじょうゆで味つけして、しょうが焼き炒めに
- 焼きそばの具に。焼き肉のたれで味つけするのがおすすめ

CHAPTER 1 自家製ベジミックス

根菜ベースミックス
MIXED VEGE 002

冷凍保存期間 **3週間**

切るのに少し力が必要で、面倒に感じる根菜類は、やる気がある日にまとめて切って冷凍してしまいましょう！ れんこんとにんじんは薄めに切っておくと、冷凍後も食感よくいただけます。

材料 保存袋・中サイズ1袋分

れんこん（薄い半月切り）……1/2節（150g）
にんじん（薄い半月切り）……1本
ピーマン（ひと口大に切る）……2個
水煮たけのこ（長さを半分に切って薄切り）……小1袋（150g）

作り方

ペーパータオルで野菜の水分をしっかり拭き、冷凍用保存袋に入れる。できるだけ平らにし、ストローなどで空気を抜いて冷凍する。

根菜ベースミックスで作るのにピッタリなのが酢豚。揚げずに作るお手軽版です。とろみをつけて仕上げるおかずは、冷凍野菜から水気が出てしまってもおいしくできます。

RECIPES FOR USE ***

揚げない酢豚

材料 2人分

冷凍根菜ベースミックス ……1/2袋
豚ロースとんかつ用肉 ……2枚
塩、こしょう ……各適量
片栗粉 ……大さじ1
A　水 ……大さじ3
　　砂糖、酢 ……各大さじ1と1/2
　　しょうゆ ……小さじ2
サラダ油 ……大さじ1

作り方

❶ 豚肉をひと口大に切って塩、こしょうを薄くふり、片栗粉をまぶす。

❷ フライパンにサラダ油をひいて❶を並べ、中火にかけて3分ほど炒める。

❸ 凍ったままの根菜ミックスを加え、3分ほど炒める。

❹ 混ぜ合わせたAを加え、とろみがつくまで炒める。

材料	2人分

- 冷凍根菜ベースミックス …… 1/2袋
- 鶏もも肉（ひと口大に切る）…… 1枚
- A　砂糖、みりん …… 各大さじ1
- 　　しょうゆ、白炒りごま …… 各小さじ2
- 　　みそ …… 小さじ1
- サラダ油 …… 小さじ2

作り方

1. フライパンにサラダ油をひき、鶏肉を入れて中火にかけ、5分ほど炒める。
2. 凍ったままの根菜ベースミックスを加え、4分ほど炒める。
3. 混ぜ合わせたAを加えて炒め合わせる。

RECIPES FOR USE
* * *

鶏と根菜のみそ炒め

冷凍した根菜類は、短時間の調理でやわらかくなり、味もしっかりしみ込みます。ジューシーな鶏もも肉と根菜を炒めて、みそ味の炒め物に。ほっこり味が冬にぴったりです。

こんな料理にも
- 鶏ひき肉と炒めてめんつゆで味つけし、とろみをつけてご飯にかけて
- 牛肉と炒めてオイスターソースで味つけ

CHAPTER 1 ｜ 自家製ベジミックス

MIXED VEGE 003
彩り野菜ミックス

冷凍保存期間 **3週間**

ピンク色のかまぼこを加えてカラフルに。しいたけからうまみもたっぷり出ます。保存袋ぎちぎちに入れて冷凍しますが、加熱すると白菜のかさが減って、食べ切れる量になりますよ。

材料 保存袋・中サイズ1袋分

かまぼこ（薄切り）…… 1本
白菜（2cm幅に切る）…… 1/8個
スナップエンドウ（筋を除く）…… 8本
にんじん（5cm長さの薄い短冊切り）…… 1/2本
しいたけ（軸を落として薄切り）…… 4本

作り方

ペーパータオルで野菜の水分をしっかり拭き、冷凍用保存袋に入れる。できるだけ平らにし、ストローなどで空気を抜いて冷凍する。

彩り野菜ミックスは中華麺との相性が最高！
ちゃんぽんみたいな色合いをいかして、焼きちゃんぽんにすると
野菜たっぷりでヘルシーな麺メニューに。
汁ありにしてももちろんOKです。

RECIPES FOR USE
汁なし焼きちゃんぽん

材料 2人分

冷凍彩り野菜ミックス …… 1/2袋
ホールコーン缶（汁気をきる）…… 60g
A｜顆粒鶏ガラスープの素、
　｜粗びき黒こしょう …… 各小さじ1
　｜おろしにんにく（チューブ）…… 2cm
　｜塩 …… 小さじ1/4
ごま油 …… 小さじ2
焼きそば麺 …… 2玉

作り方

❶ 焼きそば麺は袋の端を少し切り、電子レンジ（600W）で1分ほど加熱する。

❷ フライパンにごま油をひき、凍ったままの彩り野菜ミックスを入れ、強火で4分ほど炒める。

❸ ❶の焼きそば麺を入れてほぐし、コーンとAを加えて2分ほど炒め合わせる。

RECIPES FOR USE

八宝菜

8種の食材をイチから下ごしらえするのは手間ですが、彩り野菜ミックスがあれば、すでに5種が準備されているので手軽！豚肉、えび、うずらを加えてぜいたくに、本格的な味わいに仕上げます。

材料 2人分

- <mark>冷凍彩り野菜ミックス</mark> …… 1/2袋
- 豚バラ薄切り肉(食べやすい長さに切る) …… 150g
- むきえび …… 50g
- 水煮うずら卵（水気をきる） …… 6個
- A 水 …… 100ml
    - 顆粒鶏ガラスープの素 …… 小さじ1
    - 塩、こしょう …… 各小さじ1/4
- B 水 …… 大さじ2
    - 片栗粉 …… 小さじ2
- ごま油 …… 大さじ1

作り方

1. フライパンにごま油をひいて中火にかけ、豚肉、えびを入れて色が変わるまで炒める。
2. Aを注いで沸騰したら、凍ったままの彩り野菜ミックス、うずら卵を加えて強火にし、2分ほどときどき混ぜながら加熱する。
3. 火を止め、混ぜ合わせたBの水溶き片栗粉を加え、再び中火にかける。とろみがつくまで混ぜながら加熱する。

こんな料理にも
- ☐ 豚バラ薄切り肉と炒めて塩で味つけし、うま塩炒めに
- ☑ インスタントの袋ラーメンの具に

CHAPTER 1 自家製ベジミックス

3色ミックス

MIXED VEGE 004

冷凍保存期間 **3週間**

ピーマンは冷凍してから調理すると苦みを感じにくく、調味料がしっかりなじんで食べやすくなる野菜。ピーマンが苦手な人にこそ試してほしいベジミックスです。

材料 保存袋・中サイズ1袋分

ピーマン（細切り）—— 4個
赤パプリカ（細切り）—— 1個
水煮たけのこ（細切り）—— 1袋（200g）

作り方

ペーパータオルで野菜の水分をしっかり拭き、冷凍用保存袋に入れる。できるだけ平らにし、ストローなどで空気を抜いて冷凍する。

パプリカの赤が食欲そそる、彩り抜群のチンジャオロースー。
オイスターソースで手軽に本格中華味を楽しめます。
冷凍3色ミックスは強火でサッと炒めて。

RECIPES FOR USE
✳ ✳ ✳

チンジャオロースー

材料 2人分

冷凍3色ミックス —— 1/2袋
豚ロースとんかつ用肉（細切り）—— 2枚
片栗粉 —— 小さじ2
A　酒（または水）—— 大さじ2
　　オイスターソース —— 大さじ1
　　しょうゆ —— 小さじ2
　　砂糖 —— 小さじ1
　　おろしにんにく、
　　　おろししょうが（各チューブ）—— 各2cm
ごま油 —— 小さじ2

作り方

❶ 豚肉に片栗粉をまぶす。

❷ フライパンにごま油をひき、❶を入れて中火にかけ、肉色が変わるまで3分ほど炒める。

❸ 混ぜ合わせたAを加えてサッと炒め、凍ったままの3色ミックスを加えて強火にし、3分ほど炒める。

RECIPES FOR USE

ピーマンとたけのこの肉巻き

point!

3色ミックスはピーマン、赤パプリカ、たけのこの向きをできるだけそろえて肉の上にのせる。野菜が凍ったままで冷たいので、コールドスタートで焼き、肉が焦げないようにする。

野菜の水気をしっかり拭いてから冷凍保存すると、ガチガチに凍りつきません。袋から好みの量をパラパラと出せるので、少量ずつ肉巻きにするのも簡単ですよ。

こんな料理にも
- ☑ 中華風炒めに。トマトを加えて、顆粒鶏ガラスープの素で味つけし、卵でとじて
- ☑ 南蛮漬けに。サッと炒めたら焼いた鮭、甘酢を合わせて

材料 2人分

- 冷凍3色ミックス —— 1/2袋
- 豚ロース薄切り肉 —— 8枚
- A 砂糖、コチュジャン —— 各小さじ2
  しょうゆ —— 小さじ1
- サラダ油 —— 小さじ2
- リーフレタス（好みで）—— 適量

作り方

❶ 豚肉1枚に、凍ったままの3色ミックスを適量のせて巻く。計8本作る。

❷ フライパンにサラダ油をひき、❶の巻き終わりを下にして並べる。弱めの中火にかけ、ときどき転がしなら6分ほど焼く。

❸ Aを加えて全体にからめる。器に盛り、好みでリーフレタスを添える。

野菜炒めミックス

MIXED VEGE 005

CHAPTER 1 自家製ベジミックス

冷凍保存期間 **3週間**

キャベツ、にんじん、にらをたっぷり入れた3種の定番野菜ミックス。色味のバランスもよく、幅広い料理に使えます。

材料 保存袋・中サイズ1袋分

キャベツ（4cm大のざく切り）…… 1/4個
にら（5cm長さに切る）…… 1束
にんじん（5cm長さの薄切り）…… 1本

作り方

ペーパータオルで野菜の水分をしっかり拭き、冷凍用保存袋に入れる。できるだけ平らにし、ストローなどで空気を抜いて冷凍する。

RECIPES FOR USE

豆腐チャンプルー

べちゃっとしないチャンプルーが作れます。
最後に混ぜたかつお節が味のまとめ役。

材料 2人分

冷凍野菜炒めミックス …… 1/2袋
ランチョンミート（8mm厚さの薄切り）
　…… 1/2缶
木綿豆腐 …… 1/2丁（150g）
卵（溶きほぐす）…… 1個
A しょうゆ …… 小さじ1
　塩、こしょう …… 各小さじ1/3
　顆粒和風だしの素 …… 小さじ1/2
ごま油 …… 小さじ2
かつお節 …… 適量

作り方

① 豆腐は電子レンジ（600W）で3分ほど加熱して水切りする。冷めたらひと口大にちぎる。

② フライパンにごま油をひいて中火にかけ、①の豆腐、ランチョンミートを加えて4分ほど炒める。

③ 強火にして凍ったままの野菜炒めミックスを加え、3分ほど炒めたらAを加えてサッと炒める。

④ 卵をまわし入れてざっくり混ぜ、卵が固まったら火を止める。かつお節を加え、軽く混ぜる。

定番の肉野菜炒め

材料 2人分

冷凍野菜炒めミックス —— 1/2袋
豚こま切れ肉 —— 150g
A　しょうゆ —— 小さじ1
　　塩、こしょう —— 各小さじ1/3
ごま油 —— 小さじ2

作り方

1. フライパンにごま油をひき、豚肉を入れて中火にかけ、肉の色が変わるまで炒める。
2. 強火にして凍ったままの野菜炒めミックスを加え、3分ほど炒めたらAを加えてサッと炒める。

塩、こしょう、しょうゆのシンプルな味つけが野菜と豚肉のうまみを引き立てます。調味料の水分を最小限にすれば、冷凍野菜でシャキシャキ食感の炒め物が完成!

こんな料理にも
- 牛肉と炒めて、プルコギに
- 豚しゃぶしゃぶ用肉とともにサッとゆでて、豚しゃぶサラダに

洋風ミックス

MIXED VEGE 006

CHAPTER 1

自家製ベジミックス

冷凍保存期間 **3週間**

かぼちゃの甘みがポイントになる洋食向けのミックスです。ソーセージを入れているので、肉や魚を加えなくてもこのミックスだけで料理が完結するのもいいところ。

材料 保存袋・中サイズ1袋分

ソーセージ（斜め薄切り）……6本
かぼちゃ（小さめのひと口大に切る）……1/4個
ブロッコリー（小房に分ける）……1個
玉ねぎ（ひと口大に切る）…1/2個

作り方

ペーパータオルで野菜の水分をしっかり拭き、冷凍用保存袋に入れる。できるだけ平らにし、ストローなどで空気を抜いて冷凍する。

凍った玉ねぎを炒める際に出る水分をしっかり飛ばしてから薄力粉を加えると、なめらかな口当たりに。水分が残ったままだと、ダマになりやすいので要注意です。

RECIPES FOR USE

かぼちゃとブロッコリーのグラタン

材料 400mlのグラタン皿・2枚分

冷凍洋風ミックス……1/2袋
バター……20g
薄力粉……大さじ2
A 顆粒コンソメスープの素……小さじ1/2
　塩、こしょう……各少し
牛乳……400ml
ミックスチーズ……適量

作り方

❶ フライパンにバター、凍ったままの洋風ミックスを入れ、中火にかけて7分ほど炒める。

❷ 玉ねぎから出た水分が飛んだら薄力粉を加え、粉っぽさがなくなるまで炒める。

❸ 牛乳を少しずつ加え、とろみがつくまで混ぜながら煮る。Aを加えて混ぜる。

❹ グラタン皿に等分して入れ、チーズを半量ずつのせてオーブントースターで焼き色がつくまで5分ほど焼く。

かぼちゃシチュー

| 材料 | 4人分 |

冷凍洋風ミックス …… 1/2袋
バター …… 20g
水 …… 700㎖
A ┌ クリームシチューのルウ
  │   …… 1/2箱（90g）
  └ 牛乳 …… 100㎖

| 作り方 |

❶ 鍋にバター、凍ったままの洋風ミックスを入れ、中火で5分ほど炒める。

❷ 分量の水を加え、沸騰したら弱火にして5分ほど煮る。

❸ Aを加え、とろみがつくまで混ぜながら煮込む。

冷凍したかぼちゃは火の通りが早いので、時短でシチューが作れます。お肉を足す必要もなく、包丁いらずでパパッとシチューができる幸せを堪能して。

| こんな料理にも |
☐ 顆粒コンソメで煮てスープに
☐ 炒めてゆで卵、マヨネーズと合わせてホットサラダ風に

イタリアンミックス

CHAPTER 1 自家製ベジミックス

MIXED VEGE 007

冷凍保存期間 3 週間

ナポリタンが簡単にできる野菜をイメージしたベジミックス。ベーコン入りでパパッとたんぱく質も補給できます。

材料 保存袋・中サイズ1袋分

ハーフベーコン（スライス・4等分に切る）── 8枚
玉ねぎ（半分に切って薄切りにする）── 1個
ピーマン（5mm幅の細切り）── 4個
ホールコーン（冷凍）── 100g

作り方

ペーパータオルで野菜の水分をしっかり拭き、冷凍用保存袋に入れる。できるだけ平らにし、ストローなどで空気を抜いて冷凍する。

イタリアンミックスという名前ですが、タイ料理のガパオ風にしてもおいしい！
意外なことに、ナンプラーにもよく合う野菜の組み合わせなんです。

RECIPES FOR USE

ガパオ風ライス

材料 2人分

冷凍イタリアンミックス ── 1/2 袋
温かいご飯 ── 茶碗2杯分
バジル ── 6枚
目玉焼き ── 2個
A　ナンプラー ── 大さじ1
　　砂糖、オイスターソース ── 各小さじ1
　　おろしにんにく（チューブ）── 2cm
　　赤唐辛子（小口切り）── 1/3 本分
ごま油 ── 大さじ2

作り方

❶ フライパンにごま油、凍ったままのイタリアンミックスを入れ、強火で3分ほど炒める。

❷ 混ぜ合わせたAを加えて中火にし、汁気がなくなるまで炒める。バジルを大きめにちぎって加え、混ぜ合わせる。

❸ 器にご飯を盛り、❷をのせ、目玉焼きをのせる。

| 材料 | 2人分

冷凍イタリアンミックス …… 1/2 袋
スパゲティ ……（乾燥した状態で）200g
トマトケチャップ …… 大さじ6
オリーブオイル …… 小さじ2
粉チーズ（好みで）…… 適量

| 作り方

❶ スパゲティは袋の表示通りにゆでる。

❷ フライパンにオリーブオイル、凍ったままのイタリアンミックスを入れ、強火にかけて5分ほど炒める。

❸ 中火にしてケチャップを加え、30秒ほど炒めたら、スパゲティを加えて全体にからめる。

❹ 器に盛り、好みで粉チーズをかける。

RECIPES FOR USE
✳ ✳ ✳

ナポリタン

必要な食材が全部入ったイタリアンミックスのおかげで、思い立ったらすぐに家族の大好きなナポリタンが完成します。休日のランチにも大活躍！

こんな料理にも
☑ ピザトーストの具に
☑ オムライスに

おふくろの味ミックス

CHAPTER 1 / 自家製ベジミックス / MIXED VEGE 008

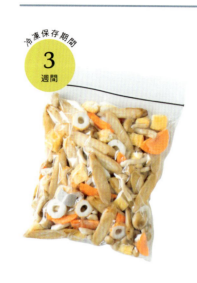

冷凍保存期間 **3週間**

和風ミックスというよりは「おふくろの味ミックス」という方がしっくりくるような、どこかほっこりと落ち着く、懐かしい味わいの料理が作れる組み合わせ。うまみとコク、野菜のおいしさがこれ1袋で楽しめます。

材料 保存袋・中サイズ1袋分

- ちくわ（薄い輪切り）……4本
- 油揚げ（2cmの角切り）……1枚
- にんじん（薄い半月切り）……1本
- しめじ（小房に分ける）……1袋
- ごぼう（薄い斜め切り）……1本

作り方

ペーパータオルで食材の水分をしっかり拭き、冷凍用保存袋に入れる。できるだけ平らにし、ストローなどで空気を抜いて冷凍する。

冷凍した野菜から甘みやうまみが溶けだし、おだしなしで作れます。煮込む時間は3分ほど！レトルトみそ汁ぐらい手間いらずなのに、具だくさんで栄養満点な豚汁が完成します。

RECIPES FOR USE

おだしいらずの クイック豚汁

材料 2人分

- <u>冷凍おふくろの味ミックス</u>……1/2袋
- 豚バラ薄切り肉（3cm長さに切る）……60g
- 水……500ml
- みそ……大さじ3
- A 青ねぎ（小口切り）、かつお節、七味唐辛子、白すりごま……各適量

作り方

❶ 鍋に分量の水、凍ったままのおふくろの味ミックス、豚肉を入れて強火にかけ、沸騰してきたら弱めの中火にして3分ほど煮る。

❷ みそを溶き入れて混ぜ、火を止める。器に盛り、Aを散らす。

凍ったベジミックスを入れて炊くだけで、懐かしいおいしさの炊き込みご飯に。凍った食材を入れて炊いたご飯は、お米のでんぷんが溶けにくく、粒立ちがよくなります。

RECIPES FOR USE

五目ご飯

材料 4人分

冷凍おふくろの味ミックス ⋯⋯ 1/2袋
米 ⋯⋯ 2合
A 白だし ⋯⋯ 大さじ3
　 みりん、酒 ⋯⋯ 各大さじ1

作り方

1. 米は研ぎ、吸水させる。
2. 炊飯器の内釜に、❶の米、Aを入れて2合の目盛りまで水（分量外）を加える。
3. 凍ったままのおふくろの味ミックスをのせ、通常のご飯と同様に炊飯する。

こんな料理にも
□ 五目きんぴらに
□ お吸いものに

CHAPTER 1 自家製ベジミックス

MIXED VEGE 009

なすおかずミックス

冷凍保存期間 **3週間**

なすは冷凍すると火の通りが早くなる、味しみがよくなる、少ない油で調理できる、といいことづくめ！香味野菜のしょうがもセットにしておけば、炒め物に役立ちます。

材料 保存袋・中サイズ1袋分

なす（ひと口大に切る） …… 3本
長ねぎ（斜め切り） …… 1本
しょうが（細切り） …… 1かけ

作り方

ペーパータオルで野菜の水分をしっかり拭き、冷凍用保存袋に入れる。できるだけ平らにし、ストローなどで空気を抜いて冷凍する。

ご飯のすすむ、絶対おいしい組み合わせ！
豚バラの甘い脂をなすがキャッチします。
とろとろになった長ねぎの甘みもごちそうです。

RECIPES FOR USE

豚バラなす炒め

材料 2人分

冷凍なすおかずミックス …… 1/2袋
豚バラ薄切り肉（5cm長さに切る）
　…… 150g
A みりん、しょうゆ …… 各大さじ2
　酢 …… 小さじ1/2
　顆粒和風だしの素 …… 小さじ1/4
サラダ油 …… 大さじ1

作り方

❶ フライパンにサラダ油、豚肉を入れて中火で熱し、肉色が変わるまで炒める。

❷ 凍ったままのなすおかずミックスを加え、強火で4分ほど炒める。

❸ Aを加え、3分ほど炒める。

028

マーボーなす

冷凍したなすは色落ちしやすいので、
調味料に少し酢を加えて色止めします。
酸味は気にならない程度なので、ぜひ入れてくださいね。

材料　2人分

冷凍なすおかずミックス …… 1/2袋
合いびき肉 …… 50g
A　しょうゆ …… 小さじ2
　　テンメンジャン（またはみそ）、
　　　砂糖 …… 各小さじ1
　　酢 …… 小さじ1/2
　　おろしにんにく（チューブ） …… 2cm
　　顆粒鶏ガラスープの素 …… 小さじ1/3
熱湯 …… 200mℓ
B　片栗粉 …… 小さじ2
　　水 …… 大さじ1
ごま油 …… 大さじ1と1/2
糸唐辛子（好みで） …… 適量

作り方

1. フライパンにごま油、凍ったままのなすおかずミックスを入れて混ぜ、強火にかけて3分ほど炒め、一度取り出す。
2. 同じフライパンにひき肉、Aを入れて中火で4分ほど炒め、❶を戻し入れる。分量の熱湯を加えて混ぜる。
3. 混ぜ合わせたBの水溶き片栗粉を加えてとろみがつくまで混ぜながら加熱する。器に盛り、好みで糸唐辛子をのせる。

こんな料理にも
- 赤みそと合わせて、赤だしみそ汁に
- 片栗粉をまぶした鶏肉と合わせて、甘酢炒めに

CHAPTER 1 自家製ベジミックス

きのこミックス
MIXED VEGE 010

冷凍保存期間 **3週間**

きのこは冷凍することでうまみが出やすくなります。今回はしめじとマッシュルームにしましたが、ほかのきのこでもOK。2種、3種と組み合わせるほどに味わいに深みが増します。

材料 保存袋・中サイズ1袋分

しめじ（小房に分ける）……2袋
マッシュルーム（薄切り）……6個

作り方

きのこは汚れが気になる場合はペーパータオルで拭く。冷凍用保存袋に入れてできるだけ平らにし、ストローなどで空気を抜いて冷凍する。

RECIPES FOR USE

きのこのホイル焼き

材料 2人分

冷凍きのこミックス……1/2袋
バター……20g
しょうゆ……小さじ2
レモン（くし形切り）……適量

作り方

❶ アルミ箔を30×40cmぐらいに広げ、凍ったままのきのこミックスをのせ、バター、しょうゆを加えて包む。

❷ フライパンに水大さじ2（分量外）を入れて❶をのせ、ふたをして強火で7分ほど加熱する。

❸ アルミ箔ごと器に盛り、レモンを添える。

おつまみにもおすすめの、きのこの香りとうまみがあふれるおかず。ホイルで焼くと味がギュッと濃縮されます。シンプルにバターしょうゆ味でいただきます。

ペペロンチーノに卵を加えたペペたまに、さらにきのこをプラスしてうまみをアップさせます。最初に凍ったきのこを炒め、オリーブオイルにしっかりうまみを移すのがおいしさの秘訣。

きのこのぺぺたま

材料 2人分

- **冷凍きのこミックス** —— 1/2 袋
- スパゲティ ——（乾燥した状態で）200g
- A にんにく（みじん切り）—— 1 かけ
  - 赤唐辛子（小口切り）—— 1/3 本
  - オリーブオイル —— 小さじ 2
- 顆粒コンソメスープの素 —— 小さじ 1/2
- B 卵（冷蔵庫から出し立て・溶きほぐす）—— 2 個
  - 粉チーズ —— 大さじ 1
- 粗びき黒こしょう、パセリ（刻む）—— 各適量

作り方

1. スパゲティは袋の表示通りにゆでる。
2. フライパンに A、凍ったままのきのこミックスを入れ、中火にかけて 4 分ほど炒める。
3. スパゲティを加えてサッと炒め、コンソメを加えてさらに炒める。
4. 火を止めて B を加え、手早く混ぜる。器に盛り、黒こしょうをふってパセリを散らす。

こんな料理にも
- アヒージョの具材に
- バター、しょうゆで炒めてハンバーグにのせて

COLUMN 1 | 冷凍できる薬味だれ

> 余った香味野菜を使って

傷みやすい薬味野菜は調味料と合わせ、たれの状態で冷凍を! 調味液の塩分のおかげで長期間保存が可能です。酢やポン酢しょうゆは長期間冷凍すると酸味がやわらぐため、酸っぱい味が好みの方は割合を少し増やしてくださいね。どれも餃子や鍋、そうめんのつけだれにぴったり! 焼いた魚や肉、ゆで野菜にかけたり、炒め物の味つけに使ったりと幅広く使え、味わいが広がる薬味だれです。

冷凍保存期間 2か月

冷凍保存の仕方
密閉できるホーローなどの保存容器に入れて冷凍する。

使うとき
いずれも清潔なスプーンで使いたい分だけすくって使う。ガチガチに凍らないので、取り出した分はしばらく常温に出しておくだけで解凍される。冷たいままでも使用可能で、再加熱の必要はない。

ねぎのだしポン酢だれ

> まとめて切ったねぎを使って

材料 容量320㎖の保存容器1個分

- 青ねぎ（小口切り）……1/2束
- A めんつゆ（2倍濃縮）、ポン酢しょうゆ……各大さじ6
-   みりん……大さじ3

作り方

❶ 耐熱容器にAを入れて混ぜ合わせる。ラップをかけずに電子レンジ（600W）で1分20秒ほど加熱し、よく混ぜる。

❷ 冷めたら青ねぎを加えて混ぜ、冷凍可の保存容器に入れ、ふたをして冷凍する。

しょうがだれ

> ピリッと豆板醤が隠し味!

材料 容量320㎖の保存容器1個分

- しょうが（みじん切り）……1個
- A 砂糖、しょうゆ、酢……各大さじ3
-   ごま油……大さじ1と1/2
-   豆板醤……小さじ1/2

作り方

❶ 耐熱容器にAを入れて混ぜ合わせる。ラップをかけずに電子レンジ（600W）で1分20秒ほど加熱し、よく混ぜる。

❷ 冷めたらしょうがを加えて混ぜ、冷凍可の保存容器に入れ、ふたをして冷凍する。

青じそだれ

> すぐにしおれる青じそをレスキュー

材料 容量320㎖の保存容器1個分

- 青じそ（刻む）……10枚
- A 白だし……大さじ10
-   みりん……大さじ3

作り方

❶ 耐熱容器にAを入れて混ぜ合わせる。ラップをかけずに電子レンジ（600W）で1分20秒ほど加熱し、よく混ぜる。

❷ 冷めたら青じそを加えて混ぜ、冷凍可の保存容器に入れ、ふたをして冷凍する。

CHAPTER 2

買ってきたまま！まるごと冷凍＆解凍なし調理

肉は使う分量に小分けしてラップに包んで保存袋に入れたり、
下処理をしたりした方がいいのはわかっているけど、時間がない！
そんなときは、買ってきたトレーや包装のまま冷凍庫へ直行させましょう。
買ってきたパックごと冷凍してしまうと、
解凍が面倒でなかなか使えない、という方もご安心ください。
カチカチに凍った状態から調理しておいしいおかずに大変身する、
解凍不要のレシピを紹介します。
肉のほか、魚、豆腐、厚揚げもパックごと冷凍してOK！
ただし、劣化した食材は冷凍NGなので、新鮮なうちに冷凍を。

□ 冷凍した肉や魚のトレーに敷いてあるドリップシートが凍りついて取れなかったら、流水にあてると簡単に取り除けます

□ 冷凍中にドリップが漏れるのが心配なら、さらにポリ袋に入れておきましょう

CHAPTER 2 買ってきたまま！まるごと冷凍＆解凍なし調理

豚バラ薄切り肉

1パック・300g ｜ 冷凍保存期間 **3週間**

RECIPES FOR USE

豚バラとピーマンの黒こしょう炒め

脂の多い豚バラは冷凍してもやわらかくいただけます。水と一緒に低温からじわじわと加熱しながら解凍することで、たんぱく質が縮みにくくなり、冷凍していた肉とは思えないほどジューシーに。

point!

フライパンに水を加えて低い温度から加熱し、やさしくほぐしていくと凍った豚バラがやわらかく解凍できます。急いでいるからといって、ここで熱湯を加えたり強火で加熱したりすると肉が縮んでかたくなる原因に。

材料　4人分

- 冷凍豚バラ薄切り肉 —— 300g
- ピーマン（1cm幅の細切り）—— 4個
- 卵（溶きほぐす）—— 2個
- サラダ油 —— 大さじ1
- **A** みりん、しょうゆ —— 各大さじ1
　　おろしにんにく（チューブ）—— 3cm
- 粗びき黒こしょう —— 小さじ1

作り方

1. フライパンにサラダ油を入れて中火で熱し、卵液を入れて大きめの炒り卵を作り、取り出す。
2. フライパンをペーパータオルで拭き、水50㎖、凍ったままの豚肉を入れてふたをして弱火にかける。肉の色が変わってきた部分をほぐしながら、8分ほど加熱する。
3. 完全に肉の色が変わったらふたを外して中火にする。水分が飛んだら火を止め、キッチンバサミで豚肉を食べやすい大きさに切る。再び中火にかけ、ピーマンを加えて2分ほど炒める。
4. 混ぜ合わせたAを加えてサッと炒める。火を止めて❶の卵を戻し入れ、黒こしょうをふって混ぜる。

豚バラ薄切り肉は、パックごと冷凍するとガチガチに凍ってほぐせず、小分けにしなかったことを後悔しがち。でも大丈夫！ 凍ったまま水を加えて、低めの温度からじわじわと熱を加えていくと、やわらかく、おいしく解凍調理できます。

RECIPES FOR USE

豚バラキムチ豆腐煮込み

豚肉は凍ったままスープと一緒にゆっくり加熱すると、やわらかく解凍でき、豚肉のうまみもスープに溶け出します。肉のたんぱく質がかたまるまでは触りすぎないようにすると、くさみが出にくくなります。最後にチーズをのせても◎。

凍った豚肉は最後にのせて加熱すると、スープに沈まず、あとからキッチンバサミで切りやすいです。

【材料】4人分

冷凍豚バラ薄切り肉 —— 300g
白菜キムチ（食べやすい大きさに切る）—— 100g
玉ねぎ（薄切り）—— 1/2個
にら（6cm長さに切る）—— 1束
木綿豆腐 —— 1丁（300g）
A 酒、しょうゆ —— 各大さじ1
　 顆粒鶏ガラスープの素、
　　コチュジャン —— 各小さじ1
　 おろしにんにく（チューブ）—— 2cm
B 片栗粉、水 —— 各大さじ1

【作り方】

❶ 鍋に水400mℓ、A、キムチ、玉ねぎ、にら、豆腐（まるごと）を順に入れ、その上に凍ったままの豚肉をのせて中火にかける。

❷ 沸騰してきたら弱めの中火にして、肉色が変わってきたところからやさしくほぐし、10分ほど煮る。

❸ 火を止め、キッチンバサミで豚肉を食べやすい大きさに切る（豆腐が一緒に切れてもOK）。

❹ 混ぜ合わせたBをまわし入れ、再び中火にかける。豆腐をざっくりほぐしながら混ぜ、とろみがついたら火を止める。

鶏もも肉

1パック・2枚・計600g ｜ 冷凍保存期間 **3週間**

CHAPTER 2 / 買ってきたまま！まるごと冷凍&解凍なし調理

RECIPES FOR USE

イタリアンチーズチキン

鶏肉に水を加えて加熱し、外側と中心部の温度差が少ない状態にすることでやわらかく仕上げます。ふたをするから火があたらない上部にも熱がまわって、加熱時間の短縮に。ナイフがいらないほどほろほろの、絶品チキンをぜひ味わって！

point! 冷凍した肉をいきなり高温で加熱すると、外側が固まり、調味料がしみ込みにくくなるので、低い温度からゆっくり加熱してください。

材料 2人分

- <mark>冷凍鶏もも肉</mark> —— 2枚（600g）
- 玉ねぎ（薄切り）—— 1/2個
- **A**
  - トマト水煮缶（カットタイプ）—— 1缶（400g）
  - トマトケチャップ —— 大さじ3
  - 砂糖 —— 小さじ2
  - 顆粒コンソメスープの素 —— 小さじ1/2
  - おろしにんにく（チューブ）—— 3cm
  - こしょう —— 少し
- 牛乳 —— 大さじ3
- 溶けるスライスチーズ —— 4枚
- パセリ（刻む・あれば）—— 適量

作り方

1. フライパンに凍ったままの鶏肉、**A**、玉ねぎ、水150mlを順に入れる。
2. ふたをして弱めの中火にかけ、10分ほど加熱する。トングで鶏肉を裏返し、肉を広げてさらに10分ほど煮込む。
3. ふたを外して牛乳を加え、底が焦げないように様子を見ながらさらに10分ほど煮込む。
4. 器に盛り、鶏肉1枚につきチーズ2枚をのせて、あればパセリを散らす。

パックごと冷凍庫に入れてガチガチに凍った鶏肉も、切らずに凍ったまま調理できます！ポイントは必ず低い温度からじっくりと火を通すこと。肉の外側に一気に火が通るとかたくなってしまい、肉に調味料がしみ込みにくくなります。じっくり火を通すとやわらかジューシーに。

RECIPES FOR USE

鶏肉の甘酢しょうが蒸し

冷凍した鶏肉は蒸し焼きにすると、より水分が出やすくなります。その性質を利用して、クッキングシートで包み焼きに。フライパンにふたをして熱まわりをさらによくするので、中心までふっくら。弱火での加熱がポイントです。

point!

たれを注ぐので、クッキングシートを器のような形に整え、しっかり深さを設けておきましょう。

材料 4人分

冷凍鶏もも肉 —— 2枚（600g）
しょうが（細切り）—— 2かけ
A 砂糖、酢、酒 —— 各大さじ3
　 しょうゆ —— 大さじ2
青ねぎ（斜め切り・あれば）—— 適量

作り方

① クッキングシートを大きく広げ、両端をねじってキャンディ包みの形にし、フライパンにのせる。その中に凍ったままの鶏肉を入れ、しょうが、Aをかけて上部を閉じる。

② クッキングシートの両端がフライパンからはみ出ないように内側に入れ込んでふたをして、弱めの中火で20分ほど蒸し焼きにする。

③ クッキングシートから鶏肉を取り出し、食べやすい大きさに切って器に盛る。シートに残ったたれをかけ、あれば青ねぎをのせる。

037

鶏手羽元

1パック・8本入り　｜　冷凍保存期間 **3週間**

手羽元と卵のさっぱり照り煮

RECIPES FOR USE

水を多めに加えて加熱するのが骨の周りまでしっかり加熱するコツですが、それだと味が薄くなりがち。かといって調味料をたくさん加えるのももったいないので、落としぶたをして、ほどよく水分を飛ばしながら加熱します。酢も加えて、肉をさらにやわらかく。

冷凍した肉をいきなり高温で加熱すると、周りが固まり、調味料がしみ込みにくくなるので、低い温度からゆっくり加熱してください。

CHAPTER 2　買ってきたまま！まるごと冷凍＆解凍なし調理

材料　4人分

- 冷凍鶏手羽元 —— 8本
- 半熟ゆで卵 —— 4個
- A　砂糖、酢 —— 各大さじ4
- 　　しょうゆ —— 大さじ3
- 練りがらし（好みで）—— 適量

作り方

1. 直径20cmほどの鍋に凍ったままの手羽元、A、水150mlを入れ、落としぶたをして中火にかける。
2. 沸騰してきたら弱火にしてアクを取り、上下を返し、15分ほど煮込む。ゆで卵を加え、ときどき煮汁をかけながらさらに5分ほど煮込む。
3. ゆで卵を半分に切り、手羽元とともに器に盛る。好みでからしをつけていただく。

どんな加熱方法でもパサつきにくい手羽元は、まるごと冷凍に最適な部位。ただ、骨つき肉は直火解凍に時間がかかります。そこで、熱のまわりがよくなるよう直径20cmほどの広口の鍋を使用し、肉が重ならないようにできるだけ平らに入れて加熱してください。調理中に水が減ったら足しながら、しっとりと仕上げます。

手羽元とじゃがいもの塩スープ煮

手羽元は火が通っているのか判断しづらい部位。加熱具合が心配という方には、長時間煮込むスープ煮がおすすめです。手羽元を加熱すると骨の周りが赤くなったり黒くみえたりすることがありますが、これは骨髄液がしみ出たことによるもの。しっかり火が通っていれば問題なく、おいしくいただけます。

広口の鍋に、なるべく手羽元が重ならないように入れて煮ることで加熱ムラを防ぐ。煮込み途中で水が減ってきたら適宜加えてください。

材料（4人分）

- 冷凍鶏手羽元 —— 8本
- じゃがいも（4等分に切る）—— 2個
- 玉ねぎ（4等分に切る）—— 1個
- A
  - 顆粒鶏ガラスープの素 —— 大さじ1
  - おろしにんにく（チューブ）—— 3cm
  - 塩、こしょう —— 各少し
- 青ねぎ（小口切り）、七味唐辛子（好みで）—— 各適量

作り方

1. 直径20cmほどの鍋に凍ったままの手羽元、じゃがいも、玉ねぎ、A、水400mlを入れ、落としぶたをして中火にかける。
2. 沸騰してきたら弱火にし、上下を返す。落としぶたをして、途中アクを取りながら20分ほど煮る。
3. 器に盛って青ねぎを散らし、好みで七味唐辛子をふる。

CHAPTER 2 買ってきたまま！まるごと冷凍&解凍なし調理

合いびき肉

1パック・300g ｜ 冷凍保存期間 **3週間**

RECIPES FOR USE

照り焼きハンバーグ

こねないからとっても簡単！ つなぎを使わない、肉感がしっかり味わえるステーキ風ハンバーグです。最初にふたをするとひき肉から水分が出て、パサつきの原因に。片面はふたなしで焼くのがコツです。片栗粉をまぶすことで肉汁を閉じ込め、調味料のからみもアップさせます。

point！

片面はふたなしで焼くことで裏返す際にくずれにくくなります。ひき肉の厚みにより加熱時間に差が生じるので、必ず爪楊枝を刺し、半分に切った際の断面を見て、火が通ったか確認してください。

材料　2人分

- 冷凍合いびき肉 …… 300g
- 塩、こしょう …… 各少し
- 片栗粉 …… 大さじ1
- オリーブオイル …… 大さじ1
- A　みりん …… 大さじ3
- 　　しょうゆ …… 大さじ2
- 　　バター …… 10g
- ブロッコリー（ゆでる・好みで）…… 適量

作り方

1. フライパンにオリーブオイルをひいて凍ったままのひき肉を入れ、表面に塩、こしょうをふり、片栗粉大さじ1/2を茶こしでまんべんなくふる。
2. 弱火で12分ほど焼き、ペーパータオルで余分な脂を拭き取って裏返す。ヘラで全体をギュッと押さえつける。
3. 表面に塩、こしょうをふり、残りの片栗粉を茶こしでふる。ふたをして10分ほど焼く（中心に爪楊枝を刺し、透明感のある肉汁が出てくれば焼き上がり）。
4. 余分な脂を拭き取って、ヘラで半分に切る。混ぜ合わせたAをまわし入れ、全体に照りが出るまでからめる。器に盛り、好みでブロッコリーを添える。

ほかの肉よりも冷凍やけしやすい（水分が飛びやすい）ひき肉は、片栗粉をまぶしたり、みりんを加えたりして、できるだけ水分を閉じ込めながら調理します。また、凍ったまま焼くとフライパンにくっつきやすいので、油を多めにひいてゆっくり加熱を。豚ひき肉、鶏ひき肉も同じようにパックごと冷凍＆調理が可能です。

RECIPES FOR USE

キーマカレー

冷凍ひき肉をパサつかせたくないなら、ぴったりなのがキーマカレー。みりんを加えると調味料のしみ込みが早くなり、糖の効果で保湿されてしっとり仕上がります。さらにアルコールのおかげで肉のくさみもやわらぎますよ。

point! 材料を入れてから火にかける「コールドスタート」なら、ひき肉がパサつかず、ふっくらジューシー！ みりんがない場合は、代わりに酒やビールなどアルコール分を加えるのがおすすめです。

材料　4人分

- **冷凍合いびき肉** …… 300g
- 玉ねぎ（みじん切り）…… 1個
- トマト（8等分のくし形に切る）…… 2個
- みりん …… 大さじ1
- A ┌ トマトケチャップ …… 大さじ3
  │　はちみつ …… 大さじ2
  │　にんにく、しょうが（各みじん切り）…… 各1かけ
  │　カレー粉、ウスターソース、
  └　　はちみつ …… 各大さじ1
- オリーブオイル …… 小さじ2
- 温かいご飯 …… どんぶり4杯分
- パセリ（刻む・好みで）…… 適量

作り方

1. フライパンに凍ったままのひき肉、みりん、水100mlを入れてふたをして中火にかけ、10分ほど加熱する。ふたを外して肉を外側からざっくりほぐす（この時点ではまだ凍った部分やかたまりがあってよい）。

2. 玉ねぎ、トマト、Aを加えてときどき混ぜながら弱めの中火で15分ほど煮る。浮いてきた脂分に透明感が出てきたら、アクを取り除き、オリーブオイルを加えて混ぜる。

3. 器にご飯を盛り、カレーをかける。好みでパセリを散らす。

041

CHAPTER 2 / 買ってきたまま！まるごと冷凍&解凍なし調理

たら

1パック・2切れ　｜　冷凍保存期間 **3週間**

RECIPES FOR USE

たらの煮つけ

酒、みりんを多めに使って魚の臭みを和らげ、しっとりと煮つけます。みりん風調味料はアルコール度数が低いので、本みりんを使うのがおすすめです。少し濃いめの味つけとたっぷり加えたしょうがの香りで、冷凍たらとは気づかれない、本格和風おかずが完成します。

point！

たらは流水で洗ってドリップを洗い流します。このひと手間でくさみが気になりにくくなります。煮つけにする際は少し濃いめの味つけにすると、冷凍やけしていても気になりません。

材料 2人分

- <u>冷凍たら</u> …… 2切れ
- しょうが（千切り）…… 1かけ
- A　みりん …… 大さじ4
  　　水、しょうゆ …… 各大さじ3
  　　酒 …… 大さじ2
- 長ねぎ（白髪ねぎにする）…… 適量

作り方

1. 凍ったままのたらは流水でサッと洗い、水気をよくきって小さめのフライパンに入れる。しょうが、Aを加えて落としぶたをし、中火にかけて8分ほど煮る。
2. 器に盛り、白髪ねぎをのせる。

たらの切り身以外の白身や赤身の魚、干物もパックごと冷凍OK！ただし、青魚はくさみが出るので、生のものは避けてください。直火解凍中に水分が出てパサついたり、ドリップがまわってくさみが出たりするのを防ぐため、調理前にドリップをサッと洗い流すのがポイントです。冷凍した食材に水がつくとキッチンペーパーでは拭く際にくっつくので、水気はよくきる程度に。

たらとあさりのアクアパッツァ風スープパスタ

にんにく、こしょうを使ったアクアパッツァも、冷凍たらのくさみが気にならない料理。ミニトマトとオリーブオイルでジューシーさと香りをプラスします。オリーブオイルが、冷凍魚のパサつき感を軽減してくれますよ。さわら、鯛などの白身魚で作ってもOK！

材料 2人分

- **冷凍たら** —— 2切れ
- あさり（砂抜きずみ）—— 150g
- マカロニ（ペンネでも可）——（乾燥した状態で）40g
- ミニトマト（ヘタを取る）—— 6個
- A 白ワイン（なければ酒）—— 大さじ4
  　にんにく（みじん切り）—— 1かけ
  　塩 —— 小さじ1/3
- B オリーブオイル —— 小さじ2
  　粗びき黒こしょう —— 少し
- パセリ（刻む）—— 適量

作り方

❶ 凍ったままのたらは流水でサッと洗い、水気をよくきってフライパンに入れる。あさり、マカロニ、A、水100mlを加えてふたをし、中火にかけて10分ほど煮る。マカロニは、まんべんなく散らすように加えて、できるだけくっつかないようにする。

❷ ミニトマトを加えてさらに2分ほど煮て、Bを加え、パセリを散らす。

CHAPTER 2 買ってきたまま！まるごと冷凍&解凍なし調理

木綿豆腐

1丁・300g ／ 冷凍保存期間 **3**週間

RECIPES FOR USE

肉豆腐

冷凍した豆腐をたっぷりの煮汁で煮込むと、じゅわっとおいしい肉豆腐に変身します。食べごたえがあって節約メニューにもぴったり！ねぎはカットずみのものを買ってくると、包丁いらずでラクチン。

point !

豆腐の水に害はありませんが、冷凍臭がつきやすいので熱湯をまわしかけて落とします。豆腐の外側の黄色っぽい氷が取れたらOK。

材料　2人分

- 冷凍木綿豆腐 —— 1丁（300g）
- 牛こま切れ肉 —— 150g
- 長ねぎ（斜め切り）—— 2本
- A 砂糖、しょうゆ、酒 —— 各大さじ3
  　みりん —— 大さじ1
  　顆粒和風だしの素 —— 小さじ1/3

作り方

1. 豆腐は凍ったままパックから取り出して耐熱ザルに入れ、熱湯をまわしかけて外側についた凍った水を落とす（溶かしきらなくてもポロッと落ちる）。

2. ①、牛肉、長ねぎを混ざらないように鍋に並べ、A、水150mlを加えて弱めの中火にかけ、落としぶたをして15分ほど煮る。

3. 豆腐をお玉で大きめに切り、やさしく上下を返し、さらに5分ほど煮る。

木綿豆腐は冷凍すると「す」が入り、"水分多めの高野豆腐"のような食感に。
「す」に調味料が入り込んで、じゅわっとおいしい豆腐料理が作れます。パックごと冷凍OKですが、
水に冷凍臭がつきやすいので、使用する際は耐熱ザルに入れて熱湯をまわしかけて。
充填豆腐は冷凍不可なので、水に浸った木綿豆腐を冷凍してくださいね。

炒り豆腐

冷凍した豆腐はスポンジ状で、水分が出やすい状態。
水きり不要で、さらに乾燥ひじきをそのまま入れて、
炒り豆腐を調理しながらひじきが戻せます。
冷凍した豆腐は味しみがよく、ほどよく水分が抜けてまるでひき肉食感!
本物のひき肉は少なくても満足感があります。

【材料】4人分

冷凍木綿豆腐 —— 1丁(300g)
乾燥ひじき(サッと洗う) —— 10g
鶏ひき肉 —— 100g
玉ねぎ(薄切り) —— 1/2個
にんじん(薄い短冊切り) —— 1/2本
冷凍枝豆(むき身) —— 100g
ごま油 —— 大さじ2
A めんつゆ(2倍濃縮) —— 大さじ2
　しょうゆ —— 大さじ1
　砂糖 —— 小さじ1
白すりごま —— 小さじ2

【作り方】

① 豆腐は凍ったままパックから取り出して耐熱ザルに入れ、熱湯をまわしかけて外側についた凍った水を落とす(溶かしきらなくてもポロッと落ちる)。

② フライパンにごま油大さじ1をひいて①を入れる。ふたをして中火にかけ、5分ほど加熱し、裏返してさらに5分ほど加熱する。

③ ふたを外してヘラで豆腐をざっくりほぐし、ひじきを加えて混ぜながら豆腐の水分が飛ぶまでしっかり炒める。

④ 残りのごま油を入れて、ひき肉、玉ねぎ、にんじん、枝豆を加え、しんなりするまで6分ほど炒める。

⑤ Aを加えて混ぜ、全体にからんだら火を止める。すりごまをふって混ぜる。

045

CHAPTER 2 買ってきたまま！まるごと冷凍＆解凍なし調理

厚揚げ

2枚・300g　　冷凍保存期間 **3週間**

RECIPES FOR USE
＊＊＊

厚揚げとなすの含め煮

厚揚げは加熱解凍するとキッチンバサミで簡単に切れるので、途中で切って中まで味をしみ込ませます。油分となすの相性も◎。酢はなすの色をきれい仕上げるために小さじ1だけ加えていますが、酸味はほぼ残らず、白だしのやさしい味わいを楽しめます。

厚揚げは解凍されたらキッチンバサミで簡単に切れるので、凍ったまままるごと鍋に入れて加熱してOKです。

point!

【 材料 】2人分

- 冷凍厚揚げ —— 2枚（300g）
- なす（縦半分に切る）—— 2本
- A　白だし —— 大さじ2
- 　　みりん —— 大さじ1
- 　　酢 —— 小さじ1
- サラダ油 —— 大さじ1
- 青じそ —— 適量

【 作り方 】

❶ 鍋に凍ったままの厚揚げ、A、水200mlを加えて強火にかけ、沸騰したら中火にして5分ほど加熱する。キッチンバサミを使い、鍋の中で厚揚げをそれぞれ4等分に切る。

❷ なすにサラダ油をからめて加え、弱火にして落としぶたをし（またはペーパータオルをかけて）、10分ほど煮る。

❸ 器に盛り、青じそを添える。

厚揚げもパックごと冷凍できます。厚揚げはもともと油で揚げている分、
豆腐よりも食べごたえがありますが、冷凍すると中の豆腐部分も噛みごたえが増し、存在感がアップ。
油の酸化が気になる場合は、凍ったまま熱湯をまわしかけて油抜きし、ペーパータオルで拭き取ってください。

RECIPES FOR USE

厚揚げ肉巻きステーキ

冷凍した厚揚げは噛みごたえが増し、肉のような食感に近づきます。
そこで、まるごと豚肉で巻いてこんがりと焼き、
少ないお肉で満足できる節約おかずにしてみました。
白ご飯に合う甘辛にんにく味のステーキですが、お財布にやさしいひと皿です。

point !

凍った厚揚げの縦横に豚バラ肉を巻きます。片栗粉をまぶして焼くので、巻き終わりはそのままでもはがれにくいです。

材料　2人分

- <mark>冷凍厚揚げ</mark>……2枚（300g）
- 豚バラ薄切り肉……4枚（120g）
- しめじ（小房に分ける）……1袋
- 片栗粉……大さじ2
- A　ポン酢しょうゆ、めんつゆ（2倍濃縮）……各大さじ2
　　砂糖……大さじ1
　　にんにく（薄切り）……2かけ
- サラダ油……小さじ2

作り方

❶ 凍った厚揚げ1枚につき豚肉2枚を十字に交差するように巻いて、片栗粉をまぶす。

❷ フライパンにサラダ油をひいて❶を並べ、ふたをして中火で6分ほど焼く。

❸ ふたを外して厚揚げを裏返し、空いたスペースにしめじを加えてさらに6分ほど焼く。

❹ Aを加え、照りが出るまで煮からめる。

CHAPTER 2 | 買ってきたまま！まるごと冷凍＆解凍なし調理

卵

10個　冷凍保存期間 **1か月**

RECIPES FOR USE

ごちそう目玉焼き丼

冷凍卵から作った目玉焼きは、むっちりぷるんと濃厚！
黄身のねっとり感もあり、高級卵のような味わいです。
焼くときに白身が広がりにくく、お茶碗にのせて
食べるのにちょうどいいサイズに。すぐ食べれば半熟でもOK。

（写真左上）凍った卵の殻むきは流水をあてながら。すぐにツルンとむけます。（写真左下）凍った卵は最初だけトングで固定しながら焼きます。1分もしないうちに解凍された白身が焼けてきて、トングを離してもすべらなくなります。

材料 1人分

- 冷凍卵 …… 1個
- ソーセージ（斜めに切れ目を入れる）…… 2本
- 温かいご飯 …… 茶碗1杯分
- サラダ油 …… 小さじ2
- かつお節、焼きのり、しょうゆ …… 各適量

作り方

❶ 卵は凍ったまま流水にあて、殻をむいて軽く水気をきる。

❷ フライパンにサラダ油をひいて弱火で熱し、❶を入れて底がすべらなくなるまでトングなどで固定しながら焼く。

❸ トングを外し、空いているスペースにソーセージを入れる。水100mlをまわし入れ、弱火で5分ほど目玉焼きが好みのかたさになるまで蒸し焼きする（黄身にしっかり火を通したい場合は水を入れたあとにふたをする）。

❹ 茶碗にご飯をよそい、かつお節、のりの順にのせてしょうゆをかけ、❸の目玉焼きとソーセージをのせる。

卵もまるごと冷凍できます。
ただし、必ずしっかり洗ってキッチンペーパーで水気を拭き取り、できれば食用アルコールをかけてから保存容器に入れて冷凍を。凍ると殻にヒビが入るので、流水で洗ってから調理してください。
食べる際は生食NG！　必ず加熱し、半熟で食べる場合は作ってすぐに食べてください。
お弁当おかずにする場合は特に中心までしっかり加熱してくださいね！

肉巻き半熟卵のガリバタ焼き

凍った卵は、薄切り肉で巻いて調理するのにも向いています。ゆで卵を作らなくていいし、殻もすぐにむけてとってもラク！卵の中心に熱が伝わりにくいのを利用して半熟に仕上げられますよ。黄身の半熟加減は箸などで少し強めにつかんで確認を。形が変形しやすいうちは半熟すぎます。

凍った卵は殻をむくとやわらかくなりやすいので、一度に4個全部の殻をむかずに、ひとつずつ殻をむいては豚肉で巻くと作業しやすいです。

材料 2人分

- 冷凍卵 —— 4個
- 豚ロース薄切り肉 —— 8枚（200g）
- 薄力粉 —— 大さじ2
- ごま油 —— 大さじ1
- A　焼き肉のたれ —— 大さじ4
- 　　おろしにんにく（チューブ）—— 3cm
- バター —— 10g
- ベビーリーフ —— 適量

作り方

① 卵は凍ったまま流水にあて、殻をむいて軽く水気をきる。

② まな板に豚肉を広げ、①をのせて巻く。肉を2枚使って卵が見えないように巻いたら、残り3個も同様に作る。それぞれ、薄く薄力粉をまぶす。

③ フライパンにごま油をひいて中火で熱し、②の巻き終わりを下にして入れる。肉色が変わったら、裏返して1分ほど焼く。

④ フライパンにA、水100mlを加えてふたをする。途中、転がしながら弱めの中火で8分ほど加熱する。ふたを外してアクを除き、バターを加えて照りが出るまで煮からめる。

⑤ 器に盛り、ベビーリーフを添える。

COLUMN 2 | クッキーの素

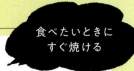
食べたいときに
すぐ焼ける

忙しい毎日の中で、
おかしまで手作りするのは大変。
でも、コーヒーや紅茶を淹れて
ほっとひと息つくときに、
焼きたての手作りクッキーがあったら最高ですよね。
そんな憧れを手軽にかなえてくれるのが、
このおかしの素。時間がある日に
クッキーの成形までをすませて冷凍保存し、
食べたいときはオーブンで焼くだけでOK。
解凍は不要です。

アイスボックスクッキー

材料　24枚分

無塩バター —— 100g
粉砂糖 —— 60g
卵黄 —— 1個
薄力粉 —— 165g
グラニュー糖 —— 適量

作り方と保存方法

バターは室温に戻し、やわらかくする。薄力粉はふるう。
天板（またはバット）にクッキングシートを敷く

1. ボウルにバターを入れ、なめらかになるまで泡立て器ですり混ぜる。粉砂糖を加えてさらに混ぜ合わせ、卵黄を加えてすり混ぜる。
2. ①に薄力粉を加え、ゴムベラで切るように混ぜ合わせる。
3. ②の生地を2等分し、直径2.5cmの円柱状にしてラップで包む。冷蔵庫で1時間ほど冷やす。
4. ③の表面にグラニュー糖をまぶし、7〜8mm厚さに切る。天板（またはバット）に間隔をあけて並べ、冷凍庫で冷やし固める。
5. 凍ったら保存袋に重ならないように入れ、できるだけ空気を抜いて冷凍する。

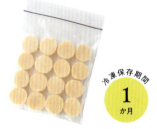

冷凍保存期間 **1か月**

焼き方　オーブンは190℃に予熱する。
天板にクッキングシートを敷く

1. 天板に間隔をあけて、凍ったままのクッキーを12枚並べる。一度に全量（24枚）焼くと形がくずれやすくなるので、必ず半量（12枚）ずつ焼く。
2. 190℃のオーブンで8分焼き、オーブンをあけて庫内の熱を少し逃す。オーブンの温度を160℃に下げ、さらに10分ほど焼く。

野菜の
ちょい仕込み冷凍

☐ 野菜は新鮮なうちに冷凍してください

☐ 調理用具は清潔なものを使用し、水気をしっかり拭き取り、雑菌の繁殖を防ぐようにしましょう

☐ 保存袋やラップは冷凍対応のものを使用し、使いまわしを避けてください

野菜を冷凍すると長期間保存できるだけでなく、
細胞壁が壊れて時短で加熱できるようになったり、
うまみが溶け出しやすくなっておいしく調理できたりといいこといっぱい!
それぞれの野菜ごとの冷凍・解凍のコツをつかんで、
無駄なく食べ切りましょう。 冷凍に不向きだと思われがちなきゅうり、
じゃがいもなどもちょっとの工夫で冷凍できます。

CHAPTER
3

トマト

{ tomato }

冷凍保存期間
3 週間

トマトは冷蔵だと次第に水分と水溶性ビタミンが失われますが、冷凍ならそれをゆるやかに抑えられます。また、トマトに含まれるうまみ成分「グルタミン酸」は、加熱するとアップします。冷凍することでグルタミン酸が溶けやすい状態になっているので、短時間の加熱でうまみが引き出せるのです。まるごと冷凍しておけば水にさらすだけでツルンと皮がむけて便利。角切り、くし形切りは切って出た水分にもおいしさが詰まっているので水分ごと冷凍を。

freezing merit
冷凍のメリット

水溶性ビタミンが失われにくい

生のままより、うまみ成分が溶け出しやすい

水にさらすと皮がツルンとむけて、湯むきの手間いらず

角切り

冷凍保存の仕方

調理器具は水気をよく拭いておく。トマトはきれいに洗って念入りに水気を拭き、1cm角に切る。切って出た水分ごと冷凍用保存袋に入れ、できるだけ平らにして空気を抜いて冷凍する。

使うとき

使う分だけパキッと折って、凍ったまま調理する。

こんな料理に
- めんつゆに入れて、そうめんなどの変わり薬味に
- 長いもやオクラなどねばり気がある食材と合わせて、あえ物に
- 凍ったまま炒めてトマトソースに

くし形切り

冷凍保存の仕方

トマトはきれいに洗って念入りに水気を拭き、8等分のくし形切りにする。切って出た水分ごと冷凍用保存袋に入れ、できるだけ重ならないようにして空気を抜いて冷凍する。

使うとき

使う分だけパキッと折って、凍ったまま調理する。

こんな料理に
- 中華風のあんかけや八宝菜など、とろみのある料理に
- みそ汁に。トマトのうまみは昆布だしと同じグルタミン酸なので、うまみがアップ

まるごと

冷凍保存の仕方

トマトはきれいに洗ってヘタをくり抜き、水気をしっかり拭く。1個ずつラップで包んで冷凍用保存袋に入れ、空気を抜いて冷凍する。

使うとき

皮をむきたい場合は、凍ったまま水にさらし、ヘタがあった方から皮をむくとツルンと取り除ける。

こんな料理に
- 凍ったまままるごと煮込んでスープに
- 凍ったままカレーやトマト煮込みに入れ、トマト缶の代用に

RECIPES FOR USE

トマトとたこの中華風サラダ

材料 2人分

- 冷凍角切りトマト …… 1個分
- ゆでだこ（薄いそぎ切り）…… 200g
- 青じそ（小さくちぎる）…… 3枚
- A 砂糖、酢、しょうゆ
     …… 各大さじ2
  ごま油 … 小さじ1

作り方

① ボウルに凍ったままのトマト、たこ、青じそを入れ、Aを加えてあえる。トマトが半解凍になったら器に盛る。

角切りトマトの冷凍は解凍すると一気に水分が出るので、調味料を濃いめの配合にしておきます。乾燥わかめ5gを戻さずに加えても、トマトからあふれた栄養をしっかりキャッチしてくれますよ。

なす

{ eggplant }

CHAPTER 3 野菜のちょい仕込み冷凍

冷凍保存期間 **3** 週間

なすは常温や冷蔵で長期保存すると、しわしわになったり、種が黒くなってえぐみが強くなったりしてしまいます。でも、冷凍保存ならそんな心配は不要。さらに、ほどよく水分が抜け、味が濃く、おいしくなります。特にまるごと冷凍は、一番いい状態で保存できます。ひと口大に切った素揚げなすは、なす特有のとろっとした食感が楽しめます。温度差による結露で色落ちするので、冷凍庫から出したらすぐに調理しましょう。

freezing merit 冷凍のメリット

- 長期保存しても アクが強くならない
- ほどよく水分が抜け 味が濃くなる
- 生から調理するより 火の通りがはやい
- 少ない油で 調理できてヘルシー

まるごと

冷凍保存の仕方

なすはきれいに洗ってヘタを切り落とし、水気をしっかり拭く（ヘタがあるとレンジ加熱時の破裂の原因になるので注意!）。1本ずつラップでぴったりと巻いて冷凍用保存袋に入れ、空気を抜いて冷凍する。

使うとき

凍ったまままるごと加熱調理するか、凍ったまま好きなサイズにカットして調理する。ラップごと1本につき電子レンジ（600W）で1分30秒加熱し、裏返してさらに1分30秒加熱して解凍する。

こんな料理に
- ☑ 凍ったまままるごと煮て、煮物に
- ☑ レンジ解凍後、手で裂いてあえ物に

ひと口大（素揚げ）

冷凍保存の仕方

なすはきれいに洗ってヘタを切り落とす。大きめのひと口大に切り、水気をしっかり拭く。鍋に多めの油を入れて180℃に熱し、1分ほど揚げる（余熱でも火が入るのでそれ以上揚げない）。ペーパータオルを敷いたバットに皮目を上にして広げて冷まし、冷凍用保存袋にできるだけ平らに入れ、空気を抜いて冷凍する。

使うとき

自然解凍して調理するか、凍ったまま調理する。

 こんな料理に
- ☑ 凍ったままみそ汁、炒め物、煮物に
- ☑ 自然解凍して揚げ浸しに
- ☑ 凍ったまままんつゆやポン酢しょうゆをかけて小鉢に。水分の多い調味料をかけると、常温で5〜10分ほどで解凍できる

ひと口大（生）

冷凍保存の仕方

なすはきれいに洗ってヘタを切り落とす。ひと口大に切って水気をしっかり拭き、冷凍用保存袋にできるだけ平らに入れ、空気を抜いて冷凍する。切り方は料理に合わせて変えてもOK。

使うとき

色落ちを防ぐため、凍ったまま高温、短時間で加熱する。

こんな料理に
- 凍ったまま炒め物に
- 凍ったまま煮込みに。みそ、焼き肉のたれ、オイスターソースなど濃い色の調味料を使うとなすの色落ちが目立ちにくい

輪切り（塩もみ）

冷凍保存の仕方

なすはきれいに洗ってヘタを切り落とす。薄い輪切りにしてポリ袋に入れ、塩小さじ1/3をふってやさしくもむ。空気を抜いて袋の口を結び、5分ほどおいてしんなりしたら水気を絞る。冷凍用保存袋に移し、できるだけ平らにして空気を抜いて冷凍する。

使うとき

自然解凍して使う。解凍して出た水気は軽く絞る。

こんな料理に
- 三杯酢やしょうゆなどであえる。黒っぽく変色していても気にならない

なすのお浸し

水分の多い調味料をかければ、凍った揚げなすが5分ほどで解凍できます。酢にはなすの色止め効果もあるので必ず加えてください。

材料 2人分

- **冷凍素揚げなす** —— 2本
- しょうが（千切り） —— 1/2かけ
- A │ 水 —— 大さじ5
    │ 白だし —— 大さじ2
    │ 砂糖、酢 —— 各小さじ1
- 青ねぎ（小口切り） —— 適量

作り方

1. ボウルに凍ったままの素揚げなす、しょうが、Aを入れて混ぜ、5分ほどおいてなすを解凍する。
2. 器に盛り、青ねぎを散らす。

大根

{ daikon radish }

冷凍保存期間
1か月

冷凍すると水分が氷になり体積が増えて細胞壁が壊れるため、加熱すると短時間で食感がやわらかくなります。また、壊れた細胞壁に調味料が入り、味がしみ込みやすくなります。そのまま冷凍するとアクが酸化して黄ばむので、切り口を水でサッと流して変色を防ぎましょう。塩もみ大根は、冷凍保存すると歯触りがアップ。大根おろしは冷蔵だと日持ちしないうえ、においも強いので、冷凍がおすすめです。酢を少し加えておくと変色を防げますよ。

freezing merit
冷凍のメリット

加熱時間の短縮になる

味がしみ込みやすい

まるごと1本買っても、使い切れる

短冊切り（塩もみ）

冷凍保存の仕方

大根1/2本を5cm長さの薄い短冊切りにする（塩もみ保存には辛みの少ない上部がおすすめ）。ポリ袋に入れて塩小さじ1/2をふってよくもみ、空気を抜いて15分ほどおく。水気をしっかり絞って冷凍用保存袋に移し、できるだけ平らにして空気を抜いて冷凍する。

使うとき

自然解凍して水気を絞る。

こんな料理に
☑ サラダや酢の物、あえ物に

大根おろし

冷凍保存の仕方

大根1/2本をすりおろし、汁気を半分ほど絞る。変色防止のために酢小さじ1/2を加えて混ぜる。冷凍用保存袋にできるだけ薄く平らに入れ、空気を抜いて冷凍する。こうすると割って好きな量を取り出せる。半分ほど凍ったところで箸で格子状に型をつけておくと、さらに割りやすい。

使うとき

自然解凍するか、電子レンジの解凍モードを使って解凍する。凍ったまま使ってもOK。

こんな料理に
☑ 解凍して、だし巻き卵や焼き魚に添えて
☑ 凍ったまま鍋などの煮込み料理に

輪切り（2cm厚さ）

冷凍保存の仕方

大根8cm分は2cm厚さの輪切りにする。流水でサッと洗って水気を拭き、冷凍用保存袋に砂糖大さじ2、塩小さじ1/2とともに入れて全体になじませる。大根が重ならないようにして、袋の空気を抜き、冷凍する。

使うとき

砂糖と塩をサッと洗い流し、凍ったまま調理する。

こんな料理に
- 煮込んでおでんやふろふき大根に
- 焼き目がつくまで焼いて大根ステーキに

いちょう切り

冷凍保存の仕方

大根は5mm厚さのいちょう切りにする。流水でサッと洗って水気を拭き、冷凍用保存袋にできるだけ平らに入れ、袋の空気を抜いて冷凍する。

使うとき

凍ったまま加熱調理する。

こんな料理に
- 凍ったまま炒めて、豚バラ大根に
- 水分が出るのをいかして、麻婆大根などとろみをつける炒め物に

大根とゆで卵の煮物

冷凍大根は生の大根の半分以下の煮込み時間で味がしみ、じゅわっとやわらかに。卵と合わせるだけで、簡単に煮物が完成！

材料 2人分

- 冷凍輪切り大根 …… 4個
- ゆで卵 …… 4個
- A 水 …… 300㎖
  砂糖、みりん、しょうゆ …… 各大さじ2
  顆粒和風だしの素 …… 小さじ1/3
- 三つ葉（好みで）…… 適量

作り方

1. 大根は砂糖、塩をサッと洗い流して凍ったまま鍋に入れる。
2. 1にAを加え、落としぶたをして強火にかける。沸騰したら弱火にして20分ほど煮込み、ゆで卵を加えて5分ほど、調味料をからめながら煮る。
3. 器に盛り、好みで三つ葉をのせる。

玉ねぎ

{ onion }

冷凍保存期間
1か月

水分が多い玉ねぎは、冷凍によって細胞壁が壊れ、やわらかく水分が出やすい状態に。そのため、短時間の加熱で甘みを引き出すことができます。サラダなどシャキッとした食感を残したい料理や、水分を出したくない炒め物には不向きですが、カレーや肉じゃがなど煮込み料理に加えて使ってください。まるごと冷凍以外は使いたい分だけ割って使えるところも便利です。

freezing merit
冷凍のメリット

- 短時間の加熱でやわらかく、甘くなる
- おろし玉ねぎでいつもの料理が格上げされる
- あめ色玉ねぎが時短で完成する
- まるごと冷凍を半解凍して切れば目にしみにくい

まるごと

冷凍保存の仕方

皮をむいて芯をくり抜いて切り落とし、よく洗って水気をしっかり拭く。ラップで1個ずつぴったりと包み、冷凍用保存袋に入れて空気を抜いて冷凍する。

使うとき

凍ったまま調理する。加熱してからキッチンバサミでカットすると、目が痛くならない&包丁で刻む手間がない。

 こんな料理に
- ポトフやおでんのタネに
- まるごと電子レンジで加熱し、ブレンダーでつぶしてポタージュに

みじん切り

冷凍保存の仕方

玉ねぎはみじん切りにし、ペーパータオルで軽く水気を拭く。冷凍用保存袋にできるだけ平らに入れ、空気を抜いて冷凍する。

使うとき

使いたい分だけサクッと折って、凍ったまま調理する。

 こんな料理に
- ハンバーグに。ひき肉は冷たいまま下ごしらえするとおいしく調理できるので、凍ったまま肉ダネに加えて
- 炒めてあめ色玉ねぎに。生の玉ねぎの約半分の時間であめ色になる。カレーやオニオングラタンスープに

薄切り

冷凍保存の仕方
薄切りにしてペーパータオルで軽く拭く。冷凍用保存袋にできるだけ平らに入れ、空気を抜いて冷凍する。

使うとき
使いたい分だけパキッと折って、凍ったまま調理する。

こんな料理に
- カレー、肉じゃが、親子丼、シチュー、しょうが焼きに

すりおろし

冷凍保存の仕方
すりおろして冷凍用保存袋に入れ、平らにして空気を抜いて冷凍する。割って好きな量を取り出せて便利！半分ほど凍ったときに、箸で格子状に型をつけておくとさらに割りやすくなる。

使うとき
使いたい分だけ折って、凍ったまま調理する。または自然解凍して調理する。

こんな料理に
- 凍ったままオニオンソースやドレッシングに
- しょうが焼きやチキンステーキなどのソースに加えてうまみアップ

オニオングラタン風まるごと蒸し

レンチン8分でびっくりするほどやわらか！
まるごと冷凍の玉ねぎは、冷凍保存期間が長いほど、短時間の加熱で中心までやわらかくなります。

材料　1人分

冷凍まるごと玉ねぎ
　　…… 小1個（150g）
生ハム（なければベーコン）
　　…… 1枚
ミックスチーズ …… 40g
バター …… 10g
A　水　…… 大さじ4
　　顆粒コンソメスープの素
　　　　…… 小さじ1/3
粗びき黒こしょう …… 適量

作り方

1. 耐熱スープカップに凍ったままの玉ねぎを入れ、バターをのせて生ハムをかぶせる。
2. Aをかけ、ふんわりラップをかけて電子レンジ（600W）で8分ほど加熱する。
3. 取り出して玉ねぎにチーズをのせてラップをかぶせる。余熱でチーズが溶けたらラップを外し、黒こしょうをふる。

キャベツ

{ cabbage }

冷凍保存期間 **1か月**

キャベツは冷凍すると甘みが出やすくなります。また、芯までやわらかく調理できるので、無駄なくいただけます。炒め物に使う際は、肉と調味料を炒めてから最後に凍ったままのキャベツを加えてください。調味料をあとから入れると水分が出やすくなるので要注意！ 冷凍期間が長いほど水分が出やすくなるので、冷凍後1週間ほどのものは炒め物に、それより保存期間が長いものはスープや煮込み料理がおすすめです。

freezing merit 冷凍のメリット

- 甘みが出やすい
- 芯までやわらかくなり、無駄がない
- 短時間の加熱でやわらかくなる
- 解凍するだけでゆでたような状態に

くし形切り

冷凍保存の仕方

芯をつけた状態で1/2個を4等分のくし形に切る。洗って水気をしっかり拭き、1個ずつラップでぴったり包む。冷凍用保存袋に入れ、できるだけ空気を抜いて冷凍する。

使うとき

凍ったまま加熱調理する。

こんな料理に
- ☑ ポトフや鍋などの煮込み料理に
- ☑ 電子レンジで加熱して、温野菜サラダに

ざく切り（4cm大）

冷凍保存の仕方

4cm大のざく切りにする。洗って水気をしっかり拭き、冷凍用保存袋に入れ、できるだけ空気を抜いて冷凍する。サイズは好みで変えてもよい。

使うとき

使いたい分だけサクッと折って、凍ったまま調理する。熱湯をかけて使う。保存袋ごと流水解凍してもOK。

こんな料理に
- ☑ 炒め物に。味つけしたあと、凍ったまま加えて
- ☑ 保存袋ごと流水解凍してコールスローや浅漬けに
- ☑ 凍ったままベーコンとともにコンソメスープで煮込む
- ☑ 凍ったままキムチ鍋に加えて

キャベツのガーリックステーキ

冷凍から焼けばキャベツの芯もほっくりやわらか。じっくり焼いても焦げにくいので安心です。焼き時間はキャベツの厚みにあわせて調整してくださいね。

材料 2人分

- 冷凍くし形切りキャベツ ……2個
- にんにく（薄切り）……1かけ
- オリーブオイル …… 大さじ2
- 塩 …… 小さじ1/3
- しょうゆ …… 小さじ2
- 粗びき黒こしょう …… 適量

作り方

❶ フライパンにオリーブオイルを入れて強火で熱し、凍ったままのキャベツを並べてふたをして中火にかけ、10分ほど焼く。裏返してにんにくを入れ、弱めの中火にして7分ほど焼く。

❷ 火を止めて塩をふり、しょうゆをかける。器に盛り、黒こしょうをふる。

かぼちゃ

{ pumpkin }

冷凍保存期間
1か月

かぼちゃは冷凍しても、ほとんど食感が損なわれない野菜。特別な解凍方法もなく、生のかぼちゃと同じ感覚で調理できます。生のままだと傷んだり、カビが生えたりしやすいですが、種とワタをていねいに除いて冷凍すれば長期保存が可能。まとめていろいろなサイズに切っておけば、調理の都度切る手間がなく、ラクチンです。マッシュしておくと、よりおいしさがキープできます。

freezing merit
冷凍のメリット

- 冷凍後も食感が損なわれにくい
- 種やワタの部分から傷むのを防ぐ

マッシュ

冷凍保存の仕方

1/2個（500g）は種とワタをスプーンでこそげ取り、耐熱ボウルに入れる。軽く濡らしたペーパータオルをかぶせてふんわりラップをかけ、電子レンジ（600W）で8分30秒ほど加熱する。皮を取り除いて身をつぶし、ボウルの中でできるだけ広げて水気を飛ばす。冷凍用保存袋に入れ、平らにして空気を抜いて冷凍する。平らに冷凍すると割って好きな量を取り出せて便利。箸で格子状に型をつけておくとさらに割りやすい。

こんな料理に
- 解凍してサラダ、コロッケに
- 凍ったままシチューやホワイトソースに加え、かぼちゃシチューやグラタンに
- 解凍してホットケーキやマフィンなどに混ぜ込んで、お菓子作りにも

使うとき
電子レンジで解凍する。または凍ったまま加える。

ひと口大

こんな料理に
- クリームシチューに加えてかぼちゃシチューに
- 鶏肉や大根、大豆などと一緒に煮込んで煮物に
- みそ汁の具材に

冷凍保存の仕方

かぼちゃは種とワタをできるだけきれいにこそげ取り、皮ごとひと口大に切る。冷凍用保存袋にできるだけ平らに入れ、空気を抜いて冷凍する。

使うとき
凍ったまま加熱調理する。

RECIPES FOR USE

かぼちゃの ハニマスサラダ

かぼちゃは切って冷凍してあるから、調理時は包丁不要。レンチンして調味料を混ぜるだけで、デパ地下風のおしゃれサラダが完成します。好みでクリームチーズやナッツ類、りんごやハムなどをプラスしても。

材料 2人分

- **冷凍ひと口大かぼちゃ** ……… 1/4個分（250g）
- A はちみつ ……… 大さじ2
  - マヨネーズ ……… 大さじ1と1/2
  - 粒マスタード ……… 大さじ1
  - おろしにんにく（チューブ）……… 1.5cm
- パセリ（刻む・好みで）……… 適量

作り方

❶ 耐熱ボウルに凍ったままのかぼちゃを入れ、濡らしたペーパータオルをかぶせる。ラップをふんわりかけて電子レンジ（600W）で8分ほど加熱し、ラップを外して粗熱を取る。

❷ Aを加えて混ぜる。器に盛り、好みでパセリを散らす。

レタス

冷凍保存期間 **3** 週間

冷凍すると食感がなくなりそうなレタスですが、塩でもんで脱水してから冷凍すれば、生とはまた違うシャキシャキ食感が味わえます。自然解凍で、塩もみきゅうりと同じ感覚で活用してみてください。また、切り口が変色しやすいので、切らずに1玉まるごと冷凍しておくのもおすすめ。使うときは凍ったままスープなどに入れ、やわらかくなってから芯を取り除きます。

freezing merit 冷凍のメリット

- 生とは違う食感が楽しめる
- 特売日に1玉買って、まるごと冷凍できる
- 変色を防げる

まるごと

冷凍保存の仕方

レタス1個はサッと洗って水気をしっかり拭き、ラップでぴったりと包む。保存中にラップの密着度が弱くなって外れることがあるので、保護のためポリ袋に入れる。

使うとき

凍ったまま加熱調理するか、保存袋ごと流水解凍して水気を絞って使う。

こんな料理に
- 豚しゃぶ鍋に凍ったまま入れる
- 流水で解凍し、水気を絞ってカットし、白だしをかけてお浸しに

レタスのしみしみ和風煮

材料 2人分

冷凍まるごとレタス —— 1玉
A｜水 —— 300ml
　｜白だし —— 大さじ4
　｜酒、みりん、
　｜オリーブオイル —— 各大さじ1
　｜こしょう —— 適量

作り方

❶ 鍋に凍ったままのレタス（芯を上向きにする）を入れ、Aを注いで強火にかける。沸騰してきたら中火にし、3分ほど煮て火を止める。

❷ キッチンバサミでレタスの芯を取り除き、葉を煮汁になじませる。

{ lettuce }

ひと口大
（塩もみ）

冷凍保存の仕方

手で食べやすい大きさにちぎり、ポリ袋に入れて塩小さじ1/3をふってよくもみ、10分ほどおく。水気をしっかり絞って冷凍用保存袋に移し、できるだけ平らにして、空気を抜いて冷凍する。

使うとき

自然解凍し、水気を絞る。

こんな料理に
- 水気を絞って生ハムなどと合わせてコールスローサラダに
- ゆでたいかやツナと合わせて酢の物に

==レタスの芯は煮込んでやわらかくなると、キッチンバサミで簡単に取り除けます。煮浸しのような、スープのような、ホッとする味わいのひと皿。ツナやベーコン、豚バラ肉や鮭の切り身などを加えると、また違ったおいしさが広がります。==

レタスの芯はキッチンバサミで取り除くので、作業しやすいように上に向けて鍋に入れる。

point!

もやし
{ bean sprouts }

冷凍保存期間 **3週間**

足のはやいもやしは、買ってきたらできるだけ早めに袋ごと冷凍すると、フードロスが減らせます。解凍後、水気を絞って使えば、ある程度シャキッとした食感も保てます。炒め物には不向きですが、スープやあえ物などに便利に使えます。しっかり加熱してから食べてください。

freezing merit 冷凍のメリット
- 傷ませることなく、使い切れる
- 袋のまま冷凍できるから手間なし

袋のまま

冷凍保存の仕方

買ってきた袋のまま冷凍する。

使うとき

凍ったまま調理するか、電子レンジで解凍する。

こんな料理に
- 凍ったまま豚バラやにらと一緒に煮込んでホルモン鍋風に
- 凍ったまま加熱調理してとろみをつけ、中華風あんかけに

もやしのナムル

冷凍していたとは思えないシャッキリ食感！

材料 作りやすい分量

冷凍もやし ……1袋（200g）
かいわれ大根……1/2パック
A ┃ ごま油……小さじ2
　┃ 顆粒鶏ガラスープの素……小さじ1/2
　┃ おろしにんにく（チューブ）……3cm
　┃ こしょう……少し

作り方

❶ もやしは凍ったまま耐熱ボウルに入れてふんわりとラップをかけ、電子レンジ（600W）で5分ほど加熱し、水気を絞る。

❷ かいわれを加え、Aであえる。

063

にら

{ garlic chive }

CHAPTER 3 野菜のちょい仕込み冷凍

冷凍保存期間 **3週間**

傷みやすいにらは、使い切れそうにないと思ったらとりあえず冷凍！ 冷凍後の食感はやわらかくなりますが、逆にそれを利用してお浸しなどにするのがおすすめ。サッとお湯をかけるだけで解凍可能です。炒め物に加えても水分が出にくく、凍ったまま最後に加えてサッと加熱すれば色鮮やかな仕上がりに。時間がないときはまるごと冷凍、時間があるなら切って冷凍を。野菜が少ない日の料理の彩りになります。

freezing merit 冷凍のメリット

- 傷ませることなく、使い切れる
- 湯をかけるだけで解凍できる
- ほかの野菜と比べて、炒めても水分が出にくい

まるごと

冷凍保存の仕方

洗ってしっかり水気を拭く。1束ずつぴったりラップで巻いてポリ袋に入れ、冷凍する。ポリ袋はラップがはがれたときの補助の役割なので、ラップでしっかり覆っておけば、なくてもOK。

使うとき

凍ったままカットして調理。または熱湯をまわしかけて解凍する。

こんな料理に
- 凍ったまま刻み、ぎょうざのあんに混ぜ込む
- 凍ったまま食べやすい長さに切り、肉と炒める

5cmカット

冷凍保存の仕方

洗ってしっかり水気を拭く。5cm長さに切って冷凍用保存袋にできるだけ平らに入れ、空気を抜いて冷凍する。

使うとき

凍ったまま調理する。または熱湯をまわしかけて解凍する。

こんな料理に
- 凍ったままかきたまスープに加えて
- 豚キムチ、にらたま、レバニラなどの炒め物に。凍ったまま最後に加えてサッと炒める

RECIPES FOR USE

にらのお浸し

お浸しはまるごと冷凍のにらで作ると、切りそろえられ、盛りつけたときにきれいです。熱湯をかけるとかさが減りますが、ひと皿で満足できる、鮮烈な味わい。しらすやツナを加えても。

材料 2人分

- 冷凍まるごとにら……1束
- めんつゆ（2倍濃縮）……大さじ1
- 白炒りごま……適量

作り方

1. にらはザルにのせて熱湯をたっぷりかける。しんなりしたら冷水をかけ、水気を絞る。
2. 食べやすい長さに切り、器に盛る。めんつゆをかけ、白ごまをふる。

オクラ

{ okura }

冷凍保存期間 3週間

オクラは冷蔵保存しているとすぐに黒ずんだり、しわしわになったりしてしまいます。そこで下ゆでで冷凍。ゆでることで鮮やかな緑をキープできるうえ、保存袋ごと流水解凍するとすぐに食べられてとっても便利！ 生のまま小口切りにして冷凍しておけばいろいろな料理に活用できます。

freezing merit 冷凍のメリット

- ゆでて冷凍すれば、流水解凍ですぐに食べられる
- ゆで立てのような鮮やかな緑色をキープできる
- 生のままでも冷凍できる

まるごと（下ゆで）

冷凍保存の仕方

包丁でガクをぐるりとむき、塩適量を全体にまぶしてまな板で転がし（板ずり）、うぶ毛を取る。鍋にたっぷりの湯を沸かし、塩がついたままのオクラを入れて2分ほど、かためにゆでる。氷水にとって冷まし、水気をしっかり拭いて冷凍用保存袋にできるだけ平らに入れ、空気を抜いて冷凍する。

使うとき

冷蔵庫に移して解凍する。または保存袋ごと流水解凍する。

こんな料理に

- 流水解凍して水気を拭き、めんつゆやポン酢しょうゆをかけてお浸しやあえ物に
- 食べやすい大きさに切ってゆでた豚肉とともに盛り、ごまだれをかけて冷しゃぶサラダに

小口切り（生）

冷凍保存の仕方

オクラは包丁でガクをぐるりとむき、塩適量を全体にまぶして板ずりして塩を洗い流す。水気をしっかり拭いて小口切りにする。冷凍用保存袋にできるだけ平らに入れ、空気を抜いて冷凍する。

こんな料理に

- 凍ったままわかめや豆腐と一緒にみそ汁に加えて
- サッとゆでて納豆や長いもなどのねばねば食材と合わせて、どんぶりやあえ物、パスタに

使うとき

凍ったまま加熱調理する。

オクラの梅おかかあえ

新鮮なうちに下ゆでで冷凍しておいたオクラは、解凍してもきれいな緑色！ 保存袋ごと流水解凍ですぐに食べられるので、忙しい日にぴったりです。冷凍すると柔らかくなるので固めにゆでて冷凍してください。

材料 2人分

- 冷凍下ゆでオクラ……8本
- A めんつゆ（2倍濃縮）……大さじ2
-   練り梅（チューブ）……2cm
- かつお節…2g

作り方

① オクラは保存袋に入れたまま流水で解凍して水気を拭き、器に盛る。

② Aを混ぜて①にかけ、かつお節を散らす。

小松菜 { komatsuna }

冷凍保存期間 3週間

小松菜はアクが少なく、冷凍向きの野菜。面倒なときは、切らずに洗ってまるごと冷凍すればOKです。ただし、冷凍やけや雑菌の繁殖を予防するため、洗ったあとの水分はよく拭いてくださいね。凍ったままカットすることも可能です。流水ですぐに解凍でき、加熱しなくてもゆでたような状態に!

freezing merit 冷凍のメリット

- 冷凍しても食感そのまま
- まるごと冷凍できてラク
- 保存袋ごと流水解凍すると、加熱なしでゆでたような状態に

まるごと冷凍の小松菜を流水で解凍して、しんなりさせて使います。ゆでないので、栄養が流れ出にくいメリットも。

まるごと

冷凍保存の仕方

小松菜は根元までよく洗い、しっかり水気を拭く。ラップでギュッと空気を抜くように包み、ポリ袋に入れて冷凍する。ポリ袋はラップがはがれたときの補助の役割なので、ラップでしっかり覆っておけばなくてもOK。

使うとき

ラップを外して流水解凍する。または凍ったままカットし、加熱調理する。

こんな料理に
- 解凍して細かく切って水気をよく絞り、じゃこと一緒にご飯に混ぜて菜飯に
- 凍ったままカットし、ごま油で豚肉やしいたけと炒めてとろみをつけ、中華風あんかけに

5cmカット

冷凍保存の仕方

小松菜は根元までよく洗い、しっかり水気を拭く。5cm長さに切り、冷凍用保存袋にできるだけ平らに入れ、空気を抜いて冷凍する。

使うとき

保存袋ごと流水解凍する。または凍ったまま加熱調理する。

こんな料理に
- 凍ったまま煮物に加えて。最後に入れて温める程度でOK
- ツナとひじきと一緒にマヨネーズ、ポン酢であえて和風サラダに

RECIPES FOR USE

小松菜と油揚げの酢みそあえ

材料 2人分

- 冷凍まるごと小松菜 —— 1束 (200g)
- 油揚げ (1cm幅の細切り) —— 1枚
- A 砂糖、酢 —— 各大さじ2
  　白みそ —— 大さじ1

作り方

❶ 小松菜はラップを外して流水にさらし、解凍する。水気を絞り、食べやすい長さに切る。

❷ ボウルにAを入れて混ぜ合わせておく。

❸ フライパンを中火で熱し、油揚げを入れて焼き色がつくまで3分ほど、ときどき裏返しながら焼く。粗熱を取って❷のボウルに入れ、❶を加えてあえる。

きゅうり

{ cucumber }

冷凍保存期間 **3週間**

じつはきゅうりも冷凍が可能！ まるごと冷凍すると少しえぐみが出ますが、解凍して味つけしたあとにしばらくおいて水分を出すことで、そのえぐみはやわらぎます。だから水分が出る前提で、多めの調味料で味つけするのが、おいしくいただくコツ。また、塩もみで脱水してから冷凍すれば、シャキシャキとした歯触りが残せます。食べる際は、自然解凍して出た水分をしっかり絞って使ってください。

freezing merit 冷凍のメリット

- まるごと冷凍できる
- 塩もみ冷凍するとシャキシャキ食感に

まるごと

冷凍保存の仕方

きゅうりは両端を切り落とし、きれいに洗って水気をしっかり拭く。1本ずつラップでぴったりと巻き、冷凍用保存袋に入れ、空気を抜いて冷凍する。

使うとき

ラップをしたまま流水解凍するか、自然解凍する。または常温において半解凍し、カットしてから加熱調理する。

こんな料理に
- 解凍後、塩昆布とあえて浅漬けに。市販のキムチの素を使ってオイキムチに
- カットして、ごま油でささみと炒めて。オイスターソースで調味する
- 半解凍してじゃばら状に切り込みを入れ、三杯酢、しょうがとともに漬ける

輪切り（塩もみ）

冷凍保存の仕方

きゅうりは薄い輪切りにしてポリ袋に入れ、塩小さじ1/3をふってよくもむ。袋の空気を抜いて15分ほどおき、水気をよく絞る。冷凍用保存袋にできるだけ平らに入れ、空気を抜いて冷凍する。

こんな料理に
- たこやわかめと合わせて酢の物に
- ハムや卵、春雨と合わせて中華風春雨サラダに
- 韓国のりと合わせてナムルに

使うとき

自然解凍する。

たたききゅうりのやみつき漬け

多めの調味料で味つけしたあと、しばらくおいて水分を出すと、まるごと冷凍したきゅうりのえぐみがやわらぎます。味も食感もベストな仕上がりに。

材料 2人分

- 冷凍まるごときゅうり …… 2本
- A 顆粒鶏ガラスープの素、ごま油 …… 各小さじ2
  おろしにんにく（チューブ） …… 2cm
  赤唐辛子（小口切り） …… 1/3本

作り方

1. きゅうりはラップをしたまま流水で解凍する。
2. ラップを外して麺棒などで軽くたたく。手で食べやすい大きさに割り、ペーパータオルで水気を拭く。
3. ポリ袋に❷を入れ、Aを加えてよくもみ、10分ほどおく。汁気をきって器に盛る。

じゃがいも

{ potato }

冷凍保存期間 **3週間**

冷凍に向かないと言われるじゃがいもですが、市販の冷凍のコロッケやフライドポテトはおいしいですよね。その原理を応用すれば家庭でもおいしく冷凍保存が可能です。マッシュ状にして冷凍する場合、電子レンジで加熱して水気を飛ばすのがポイント。口当たりをよくするために、解凍時にも必ずよく温めてくださいね。下ゆでで冷凍は皮つきでもOK。素揚げするか、カリッと揚げ焼きにしてからほかの食材と合わせるとおいしいです。

freezing merit 冷凍のメリット

軽く下ゆですると
ほくほく食感がキープできる！

マッシュまたは下ゆでずみで
冷凍するので、調理がラク

マッシュ

冷凍保存の仕方

じゃがいも3個（300g）はひと口大に切って耐熱ボウルに入れ、濡らしたペーパータオルをかぶせてふんわりラップをかけ、電子レンジ（600W）で8分30秒ほど加熱する。ボウルの中でしっかりつぶし、できるだけ広げて余分な水気を飛ばしながら冷ます。冷めてから冷凍用保存袋に入れ、平らにして空気を抜いて冷凍する。平らに冷凍すると割って好きな量を取り出せて便利。半分ほど凍ったときに、箸で格子状に型をつけておくとさらに割りやすくなる。小分けしておくのも便利。

こんな料理に
- ポテトサラダやコロッケに
- 片栗粉を混ぜてボール状にして焼いて、いももちに

使うとき

電子レンジで解凍してから調理する。自然解凍不可。

細切り（ゆで）

冷凍保存の仕方

じゃがいもは8mm幅ほどの細切りにし、水にサッとさらしてアクを抜く。たっぷりの熱湯で2分ほどゆで（芯は残っていてよい）、ペーパータオルに広げて冷まし、水気を拭く。片栗粉と薄力粉を1:1で混ぜてポリ袋に入れ、じゃがいもを加えてまんべんなくまぶす。冷凍用保存袋に移し、できるだけ平らにして空気を抜いて冷凍する。

こんな料理に
- そのまま揚げてフライドポテトに
- きんぴらや肉野菜炒めのかさましに
- 酢豚に加えて。水分の多い野菜や調味料と合わせると、とろみや照りがつく

使うとき

凍ったまま加熱調理する。

RECIPES FOR USE

じゃがコーンのおかかバターじょうゆ炒め

材料 2人分

- 冷凍細切りじゃがいも —— 2個分
- ホールコーン（冷凍）—— 100g
- サラダ油 —— 大さじ3
- A　しょうゆ —— 大さじ1
　　バター —— 10g
- かつお節 —— 2g

作り方

1. フライパンにサラダ油を中火で熱し、凍ったままのじゃがいもを入れる。焼き色がつくまで4分ほど焼く。
2. 凍ったままのコーンを入れて3分ほど炒めたらAを加えてサッと炒め、かつお節をふる。

じゃがいもに焼き色がつくまでは、あまり触らないようにしてくずれるのを予防。
市販の冷凍コーンも凍ったまま投入し、直火解凍で調理します。

にんじん

{ carrot }

冷凍保存期間 **1**か月

にんじんは野菜室でそのまま保存していると乾燥したり、カビが生えたり。でも冷凍なら安心です。にんじんは冷凍すると食感がやや悪くなりますが、薄く切れば気になりません。ひと口大にカットし、サッと流水で洗ってアク抜きすると、解凍後に黒ずむのを防止できます。水分をしっかりと吸わせて加熱する煮込み料理に使うのがおすすめです。

freezing merit 冷凍のメリット

- 加熱時間が短くなる
- きれいな色を保てる
- 味しみがよくなる

細切り

冷凍保存の仕方

細切りにしてサッと流水で洗い、水気をしっかり拭く。冷凍用保存袋にできるだけ平らに入れ、空気を抜いて冷凍する。使う料理に合わせて、短冊切りやいちょう切りに変えてもOK。

使うとき

熱湯をまわしかけて解凍。または凍ったまま加熱調理する。

こんな料理に
- きんぴらやにんじんしりしりに。凍ったまま炒めたり、煮たりする
- 熱湯をまわしかけて解凍し、キャロットラペに

ひと口大

冷凍保存の仕方

ひと口大に切ってサッと流水で洗い、水気をしっかり拭く。冷凍用保存袋にできるだけ平らに入れ、空気を抜いて冷凍する。

使うとき

凍ったまま加熱調理する。

こんな料理に
- カレーやシチューに入れて
- けんちん汁や筑前煮など和風の煮込みおかずに

ひと口大のにんじんは、冷凍によって「す」が入ることを利用して、煮込み料理に使うのが最適。生からの調理だと、なかなかやわらかくならず味も入りにくいにんじんですが、冷凍なら短い煮込み時間で火が通ります。味も中心までしっかり入りますよ。

にんじんとさつま揚げの照り煮

材料 2人分

- **冷凍ひと口大にんじん** ……1本分
- さつま揚げ（8mm幅の細切り）……2枚
- A
  - 焼き肉のたれ……大さじ2
  - みりん……小さじ2
  - めんつゆ（2倍濃縮）……小さじ1
- ごま油……小さじ1

作り方

1. フライパンにごま油を入れて中火にかけ、凍ったままのにんじんを入れて6分ほど炒める。
2. さつま揚げを入れて3分ほど炒め、Aを加えて照りが出るまで炒める。

れんこん { lotus root }

冷凍保存期間 **3週間**

れんこんは薄く切って冷凍すれば、食感の変化を感じにくい野菜。変色防止のために酢水にサッとさらしてすぐに冷凍しましょう。炒め物に、煮物にと万能に使えます。冷凍したものは、加熱によってすぐにやわらかくなるので、調理時間の短縮に。

freezing merit 冷凍のメリット

- 変色せずに長期保存が可能
- 火が通りやすくなる

れんこんは凍ったまま調理しても水分が出にくいので、解凍せずにそのままトースターで調理してOK！食感よく、香ばしく焼き上がります。

薄い輪切り

冷凍保存の仕方

薄い輪切りにして酢水にサッとさらし、水気を拭く。冷凍用保存袋にできるだけ平らに入れ、空気を抜いて冷凍する。使いやすい大きさに切り方は変えてもOK。

使うとき

凍ったまま加熱調理する。

こんな料理に
- □ 肉だねをはさんではさみ焼きに
- □ 凍ったまま天ぷら粉をつけて天ぷらに
- □ ごま油で炒めて塩、青のりをふってのり塩炒めに

いちょう切り

冷凍保存の仕方

8mm厚さのいちょう切りにして酢水にサッとさらし、水気を拭く。冷凍用保存袋にできるだけ平らに入れ、空気を抜いて冷凍する。使いやすいように切り方は変えてもOK。

使うとき

凍ったまま加熱調理する。

こんな料理に
- □ から揚げ粉をまぶして、から揚げに
- □ サッとゆでて明太子、マヨネーズ、めんつゆとあえて
- □ 炊き込みご飯や煮物に

れんこんとベーコンの重ね焼き

材料 2人分

- 冷凍輪切りれんこん …… 10枚
- ハーフベーコン …… 5枚
- A│オリーブオイル …… 大さじ1
  │粉チーズ …… 小さじ2
  │塩、粗びき黒こしょう …… 各適量
- パセリ（刻む・好みで）…… 適量

作り方

1. ベーコンは長さを半分に切る。
2. 耐熱皿に凍ったままのれんこん、ベーコンを交互に重ねて並べる。
3. Aをふり、オーブントースターで10分ほど焼く。好みでパセリを散らす。

ごぼう

{ burdock }

冷凍保存期間
3週間

ごぼうは薄く切って冷凍すると、生と変わらない食感が楽しめます。変色が気になる方は酢水にさらしてから冷凍した方がいいのですが、ごぼう本来の味と香りは酢水にさらさない方が強く残っておいしくいただけますよ。きんぴらなど茶色いおかずに使うするなら、変色は気にしないでOK。面倒なささがきは、まとめて作業し、冷凍しておくのがおすすめです。

freezing merit
冷凍のメリット

- 切る手間を先取りできる
- 火の通りが早くなる
- 味がよくしみる

ささがき

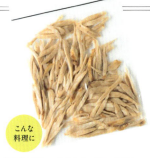

こんな料理に
- きんぴら、炊き込みご飯、豚汁に
- にんじんや三つ葉、えびなどと合わせてかき揚げに
- サッとゆでてごまドレッシングであえてごぼうサラダに

冷凍保存の仕方

ささがきにして、水気を拭く。冷凍用保存袋にできるだけ平らに入れ、空気を抜いて冷凍する。

使うとき

凍ったまま加熱調理する。

斜め切り

冷凍保存の仕方

ごぼうは5mm厚さの斜め切りにして、水気を拭く。冷凍用保存袋にできるだけ平らに入れ、空気を抜いて冷凍する。変色が気になるなら酢水にサッとさらしてから冷凍するとよい。

使うとき

凍ったまま加熱調理する。

こんな料理に
- 豚肉、こんにゃくとともに甘辛く炒めて
- 鶏肉と炒めて鶏ごぼう炒めに
- 解凍してから素揚げして、カレーやうどんのトッピングに

RECIPES FOR USE

ごぼうと牛肉のしょうが炒め

材料 2人分

冷凍ささがきごぼう —— 1本分
牛こまぎれ肉 —— 100g
しょうが（細切り）—— 1/2かけ
A ┌ 水 —— 100ml
　├ 砂糖、酒 —— 各大さじ3
　└ しょうゆ —— 大さじ2

作り方

❶ フライパンに凍ったままのごぼう、牛肉、しょうがを入れてAを注ぎ、中火にかける。ときどき混ぜながら8分ほど、汁気がなくなるまで煮る。

しょうゆで茶色く色づくので、ごぼうはアク抜きしないで凍らせてOK。ごぼうの香りや味わいがしっかり残り、風味のよいおかずに。

071

ブロッコリー

{ broccoli }

 冷凍保存期間 生 1か月
 冷凍保存期間 ゆで 3週間

生のブロッコリーの冷凍と下ゆでブロッコリーの冷凍では、食感や味わいが異なります。生のものは食感が残りやすく、味も濃く、栄養もある程度キープできますが、少し色が悪くなることも。鮮やかさをキープしたい場合は、ゆでてから冷凍がおすすめです。このとき、かためにゆでるのが食感を残すポイント。解凍調理の際は、加熱しすぎるとつぼみがポロポロとはがれるので注意を。

freezing merit 冷凍のメリット

- 短時間で火が通る
- 簡単に彩りアップ

小房（生）

冷凍保存の仕方
水をはったボウルに逆さまに入れてぐるぐるまわし、つぼみの部分をよく洗う。何度か水を替えながら洗ったら、水気をきって小房に分け、ペーパータオルでしっかりと拭く。冷凍用保存袋にできるだけ平らに入れ、空気を抜いて冷凍する。

使うとき
レンジの解凍モードを使って解凍。耐熱皿にペーパータオルを敷き、つぼみ部分を下にしてのせて解凍すれば、水っぽさを抑えられる。凍ったまま加熱調理しても。

こんな料理に
- サラダやシチューの彩りとして最後に加える
- 好みのスープに凍ったまま加える

小房（ゆで）

冷凍保存の仕方
水をはったボウルに逆さまに入れてぐるぐるまわし、つぼみの部分をよく洗う。何度か水を替えながら洗ったら小房に分け、たっぷりの湯で1分30秒ゆでてすぐに冷水にとって冷まし、ザルにあげて水気をきる。ペーパータオルでしっかりと拭き、冷凍用保存袋にできるだけ平らに入れ、空気を抜いて冷凍する。

使うとき
レンジの解凍モードを使って解凍。耐熱皿にペーパータオルを敷き、つぼみ部分を下にしてのせて解凍すれば、水っぽさを抑えられる。凍ったまま加熱調理しても。

こんな料理に
- シチューやスープ、煮込み料理に。凍ったまま調理の最後に加えて温める程度に
- レンジ解凍してお弁当の彩りに

RECIPES FOR USE

ブロッコリーとツナの和風からしマヨサラダ

レンジ解凍するときは、ペーパータオルを敷いて水気をきって。水気で調味料が薄まらないので、味がぼやけません。

材料 2人分
- 冷凍ゆでブロッコリー …… 1個分（150g）
- ツナ缶（オイル漬け）…… 1缶（70g）
- 冷凍枝豆（むき身・解凍する）…… 60g
- A マヨネーズ …… 大さじ3
  めんつゆ（2倍濃縮）、白炒りごま …… 各大さじ1
  砂糖 …… 小さじ1/2
  練りがらし（チューブ）…… 3cm

作り方
❶ 耐熱ボウルにペーパータオルを四つ折りにして敷き、ブロッコリーのつぼみを下にして並べる。ふんわりラップをかけて電子レンジ（600W）で5分ほど加熱し、ラップを外して粗熱を取る。

❷ ❶からペーパータオルを取り出し、ツナ缶（オイルごと）、枝豆、Aを加えてよく混ぜる。

白菜

{ chinese cabbage }

冷凍保存期間 3 週間

白菜を野菜室に放置していると、成長して、鮮度や甘みが落ちてしまいます。大きくて使い切れないときは冷凍保存がおすすめ！鍋や煮込みなど、やわらかく煮る料理に便利に使えます。冷凍した白菜は、煮込み時間が短くすみ、味もしっかり吸ってくれますよ。保存袋ごと流水解凍するだけでクタッとし、塩もみせずに塩もみしたような食感に。減塩にも役立ちます。

freezing merit 冷凍のメリット

- 保存袋ごと流水解凍するだけでゆでたようなやわらかさに
- 加熱時間の短縮に
- 塩なしで、塩もみ後のような状態になるので、減塩に

1枚ずつ

冷凍保存の仕方

白菜は1枚ずつはがし、きれいに洗って水気を拭く。1枚ずつラップで巻いてポリ袋に入れ、空気を抜いて冷凍する。2、3枚重ねて冷凍してもOK。

使うとき

自然解凍か、ラップを外して流水解凍。または凍ったまま加熱調理する。

こんな料理に
- 凍ったまま豚肉と交互に鍋に入れ、豚バラミルフィーユ鍋に
- 解凍し、肉だねを巻いてロール白菜に

ざく切り

冷凍保存の仕方

白菜は洗って2cm幅に切って水気を拭き、冷凍用保存袋にできるだけ平らに入れ、空気を抜いて冷凍する。用途に応じて切る幅は変えてOK。

使うとき

自然解凍か、保存袋ごと流水解凍。または凍ったまま加熱調理する。

こんな料理に
- 凍ったまま八宝菜や鍋に入れて
- 保存袋ごと流水解凍してナムルや浅漬け、ピクルス風にしても
- 鶏ひき肉、厚揚げと炒めてそぼろあんかけに

材料 2人分

- 冷凍白菜（1枚ずつのもの）…… 6枚（200g）
- しゅうまい（市販）…… 6個
- A ごま油 …… 小さじ2
- 　 顆粒鶏ガラスープの素 …… 小さじ1

作り方

1. 白菜はラップを外し、流水にさらして解凍し、水気を軽く絞る。白菜1枚につきしゅうまい1個を巻く。残り5個も同様に巻く。
2. 深さのある耐熱皿に❶の巻き終わりを下にして並べ、全体にAをふってふんわりラップをかける。電子レンジ（600W）で8分ほど加熱する。

ロール白菜の中華風レンジ蒸し

冷凍の白菜で、市販のしゅうまいを巻くだけの手軽なひと品。白菜は保存袋ごと流水解凍であっという間にしんなりし、下ゆでなしで巻くことができますよ。

しめじ

{ shimeji }

冷凍保存期間 3週間

きのこは冷凍によってうまみが出やすくなる食材。冷凍すると、グルタミン酸やグアニン酸などが溶け出し、おいしさがグーンとアップ。生から調理するよりもずっと香りもよくなります。無菌状態で栽培されていることがほとんどなので、風味が落ちやすくなる水洗いはせずに冷凍を。しめじ以外にもえのきやしいたけなど、きのこ類の多くは冷凍向きです。

freezing merit 冷凍のメリット

- うまみ成分が出やすくなり、おいしさアップ
- 香りがよくなる

小房

冷凍保存の仕方
しめじ2袋は石突きを落として小房に分ける。冷凍用保存袋に入れ、できるだけ空気を抜いて冷凍する。

使うとき
凍ったまま加熱調理する。

こんな料理に
- ☑ ベーコンと炒めてペペロンチーノ風パスタやクリームパスタに
- ☑ みそ汁やすまし汁に入れて。だしが不要なほど、うまみが出る
- ☑ バターとしょうゆで炒めて、ハンバーグのソースに

凍ったきのこからあふれ出るうまみをあんかけにして、余さずいただきます。白だしも加えてやさしい味に仕上げました。

豆腐のきのこあん

材料 2人分

- 冷凍しめじ —— 1袋分
- 絹ごし豆腐 —— 1丁（300g）
- A │ 白だし、みりん —— 各大さじ2
  │ おろししょうが（チューブ）—— 3cm
- B │ 水 —— 大さじ2
  │ 片栗粉 —— 大さじ1
- しょうが（細切り・好みで）、三つ葉（好みで）—— 各適量

作り方

1. 豆腐は8等分に切る。
2. 鍋に❶、凍ったままのしめじ、水400mℓ、Aを入れて強火にかける。沸騰したら弱火にし、5分ほど煮る。
3. 混ぜ合わせたBをまわし入れて混ぜ、とろみがつくまで煮込む。器に盛り、好みでしょうが、三つ葉をのせる。

できあがったものを
おいしく冷凍

□ 保存袋や保存容器・ラップは冷凍対応のものを使用し、保存袋やラップの使いまわしを避けてください

□ 保存容器は、ふたも冷凍対応かつ耐熱のものを使用してください

□ 加熱、解凍時間は目安です。様子を見ながら解凍するようにしてください

この章では、解凍後すぐに食べられる状態で
料理を冷凍するコツをご紹介します。
お好み焼きやカレー、おでんなどは一度にたくさん作っておくと、
調理の手間が一度ですみ、家事効率がアップ！
解凍後もおいしくいただける工夫や、冷凍・解凍のポイントが満載です。

CHAPTER
4

CHAPTER 4 | できあがったものをおいしく冷凍

point!
解凍後、すぐにラップを外すと水分が一気に逃げてパサパサになるので、ラップはしばらくかけておく。手で触れるくらいの熱さになるまでが目安。

冷凍保存期間 **3週間**

ホットケーキ

ホットケーキは、焼き上がったらすぐにバターを塗ってラップをかけます。こうすることで、水蒸気を逃さずに生地に再び閉じ込めることができ、パサつきを防げます。

冷凍保存の仕方
バターを塗ったら、乾燥を防ぐために熱いうちに1枚ずつラップでぴったりと包む。粗熱が取れたら冷凍用保存袋（または保存容器）に入れて冷凍する。

解凍方法
保存袋（または保存容器）から出し、耐熱皿にラップをしたままのせる。1枚につき電子レンジ（600W）で1分10秒ほど加熱し、蒸気が落ち着いてからラップを外す。好みで、バターやメープルシロップをかける。

冷凍してもふわふわの配合！

材料 2枚分

- ホットケーキミックス —— 150g
- 卵 —— 1個
- 牛乳 —— 100mℓ
- A みりん —— 小さじ1
- ┊ マヨネーズ —— 小さじ2
- バター —— 適量

作り方

❶ ボウルに卵、Aを入れて泡立て器でよく混ぜ、牛乳も加えて混ぜる。ホットケーキミックスを加えてゴムベラでさっくり混ぜる。

❷ フライパンを弱火で熱し、火を止めて❶の生地の半量を直径15cmほどの円形に流し入れる。

❸ ふたをしてごく弱火で4分焼き、きれいな焼き色がついたら裏返す。ふたをしたままさらに2分焼く。同様にもう1枚焼く。それぞれにバターを塗る。

【冷凍保存期間 3週間】ご飯

冷凍ご飯を炊き立てのようなふっくらご飯にするための鉄則は、炊けたらすぐにラップで包むこと。また、レンジ解凍後に放置しているとラップが密着し、ご飯がつぶれてしまうので要注意。解凍後は茶碗に移し、サッとほぐしてすぐにラップをかけ直せば、冷凍ご飯とは思えないおいしさ!

冷凍保存の仕方

ご飯は炊き上がったらすぐに茶碗で1人分を量り、ラップにのせて厚みが均一になるようにしゃもじで軽くほぐして包む。粗熱が取れたらラップを二重に巻くか、冷凍用保存袋（または保存容器）に入れて冷凍する。茶碗1杯は約180g、大きめの茶碗1杯は約200gなので、油性マジックでラップに書いておくと便利。

解凍方法

保存袋（または保存容器）に入れた場合は出し、ラップに包んだまま耐熱皿にのせる。冷凍ご飯180gは電子レンジ（600W）で2分40秒ほど、200gは3分ほど加熱し、熱いうちに茶碗に移して軽くほぐす。すぐに茶碗にラップをかけ、蒸気が落ち着くまで少しおく。

point!

ご飯は時間の経過とともにどんどん水分が蒸発していくので、炊き立てのもっとも水分が多い状態で、湯気ごと保存することが大事。水分をたくさん含んでいるときにラップで包むことで、冷凍による乾燥を防ぎ、炊き立てに近い状態で保存できる。

【冷凍保存期間 3週間】チャーハン

チャーハンは、余分な水分を飛ばしてから冷凍することで、パラパラ感をキープできます。レンジ解凍後も軽く混ぜて水分を適度に飛ばすと、米粒同士がくっついて団子状になることはありません。

冷凍保存の仕方

バットなどに広げ、水分を飛ばす。冷めたら小分けにして、耐熱・耐冷の保存容器に入れて冷凍する。

解凍方法

保存容器のふたをずらし、1人分（250g）につき電子レンジ（600W）で4分ほど加熱する。すぐにふたを外し、軽く混ぜて余分な水分を飛ばす。

point!

冷凍前に余分な水分を飛ばしておくから解凍後もパラパラ食感がキープできる。

材料 2食分（各250g）

- 卵（溶きほぐす）……2個
- 温かいご飯……茶碗大盛り1杯（300g）
- 焼き豚（8mm角に切る）……50g
- A 顆粒鶏ガラスープの素……小さじ1/3
  塩、こしょう……各適量
- しょうゆ……小さじ1/2
- 長ねぎ（粗みじん切り）……1/4本
- ごま油……大さじ2～3

作り方

1. フライパンにごま油を入れて中火で熱し、卵を一気に流し入れたらすぐにご飯を入れる。
2. ヘラで手早く混ぜてご飯に卵をまとわせ、フライパン全体に平らに広げるようにしてほぐし、炒める。パラパラになったら、焼き豚を加えてサッと炒め、Aを加えて混ぜる。
3. ご飯をフライパンの端に寄せ、空いたスペースにしょうゆを入れて軽く水分が飛んだらご飯と混ぜ合わせる。火を止め、ねぎを加えて混ぜ合わせる。

焼きおにぎり

【冷凍保存期間 3週間】

冷凍する焼きおにぎりは、必ずフライパンでこんがり焼きましょう。トースターやオーブンで焼くと水分が抜けて、冷凍するとさらに水分が飛んで中までかたくなってしまいます。食べる際は、レンジ解凍し、加熱後すぐにラップを外すと、ほどよく水分が飛び、焼き立てのような食感に！

VARIATIONS

だししょうゆ焼きおにぎり

材料 約9個分

- 米（浸水させる）…… 3合
- A
  - 水 …… 495㎖
  - 白だし …… 大さじ3
- B
  - めんつゆ（2倍濃縮）…… 大さじ2
  - しょうゆ …… 大さじ1
- サラダ油 …… 適量

作り方

1. 炊飯器の内釜に米、Aを入れて通常の炊飯モードで炊く。
2. 炊き上がったら100gずつ三角形のおにぎりにする。バットに間隔をあけて並べ、粗熱をとる。
3. Bを混ぜ合わせ、ハケで❷の表面にたっぷりと塗り、さらにサラダ油を表面と側面に塗る（側面に油を塗るのはくっつき防止のため）。
4. フライパンを弱火で熱し、間隔をあけて❸を並べて5分ほど焼く。裏返して残りのBを表面に塗り、サラダ油も塗ってさらに5分ほど焼く。バットに取り出し、完全に冷ます。

冷凍保存の仕方

1個ずつラップでぴったりと包み、冷凍用保存袋（または保存容器）に入れて冷凍する。

point！
サラダ油をしっかり塗って焼くと油膜ができ、冷めてからラップに包んでもご飯がパサパサにならない。

解凍方法

保存袋（または保存容器）から出し、耐熱皿にラップをしたままのせる。1個（100g）の場合は電子レンジ（600W）で2分ほど、2個（200g）の場合は2分50秒ほど加熱し、すぐにラップを外す。加熱ムラを防ぐため、レンジ解凍は同時に2個までに。

VARIATIONS

チュモッパ（韓国風焼きおにぎり）

材料 約6個分

- 温かいご飯（炊き立てのもの）…… 2合分
- A
  - 韓国のり（小さくちぎる）…… 8枚（2g）
  - たくあん（刻む）…… 60g
  - 白炒りごま …… 大さじ1
- ごま油 …… 大さじ3
- 塩 …… 適量

作り方

1. ご飯にAを加えて混ぜ、100gずつ三角形のおにぎりにする。バットに間隔をあけて並べ、粗熱を取る。
2. ハケで❶の表面と側面にごま油を塗る（側面に油を塗るのはくっつき防止のため）。
3. フライパンを中火で熱し、間隔をあけて❷を並べて3分ほど焼く。裏返して残りのごま油も塗り、さらに3分ほど焼く。バットに取り出し、全体に塩をふって完全に冷ます。

冷凍保存の仕方

1個ずつラップでぴったりと包み、冷凍用保存袋（または保存容器）に入れて冷凍する。

解凍方法

保存袋（または保存容器）から出し、耐熱皿にラップをしたままのせる。1個（100g）の場合は電子レンジ（600W）で2分ほど、2個（200g）の場合は2分50秒ほど加熱し、すぐにラップを外す。加熱ムラを防ぐため、レンジ解凍は同時に2個までに。

市販のカレールウを使うとたっぷりできるカレーですが、じゃがいも入りだと冷凍ができない…と思っていませんか？ 冷凍するとでんぷんが溶け出して舌触りが悪くなるじゃがいもですが、冷凍フライドポテトを使えば心配無用です！にんじんも解凍後の食感をよくするために小さめに切ってやわらかく煮てくださいね。

冷凍保存期間 3週間

カレー

このカレーなら冷凍できる！

材料 8皿分

- 牛こま切れ肉 …… 200g
- 玉ねぎ（薄切り）…… 2個
- にんじん（小さめに切る）…… 1本
- 冷凍フライドポテト（くし形のもの）…… 16本
- カレールウ …… 1箱（8皿分）

作り方

1. ルウのパッケージの記載通りにカレーを作る。ルウを加えたあとに冷凍フライドポテトを加え、弱火で3分ほど混ぜながら煮込む。

冷凍保存の仕方
冷めたら1人前（350g）ずつ冷凍用保存袋（または保存容器）に入れ、できるだけ平らにして冷凍する。

解凍方法
耐熱皿に移してふんわりとラップをかけ、1人前（350g）につき電子レンジ（600W）で6分ほど加熱し、よく混ぜる。

point!
フライドポテトは油でコーティングされているのでカレーにでんぷんが溶け出しにくい。煮溶けないように、最後に加えて火を通す。

冷凍保存期間 3週間

おでん

おでんは冷凍、解凍すると具材に味がよくしみるので、冷凍保存向きのおかず。特に、大根、牛すじ、たこなどのかたい食材ほど、やわらかく食べやすくなります。逆に、こんにゃく、卵、じゃがいもは冷凍NG。練り物は全般的に冷凍向きです。

材料 4人分

- 大根（2.5cm厚さの輪切り）…… 1/2本（正味400g）
- ちくわ（斜め4等分に切る）…… 2本（150g）
- ごぼう天 …… 4本（140g）
- はんぺん（8等分の三角形に切る）…… 1枚（90g）
- もち巾着（市販）…4個（160g）
- A　水 …… 1000mℓ
　　酒、しょうゆ、めんつゆ
　　（2倍濃縮）…… 各大さじ3
　　昆布（5cm角）…… 1枚

作り方

1. 鍋にA、大根を入れて強火にかける。沸騰する前に昆布を取り出し、弱めの中火にして10分ほど煮る。
2. 残りの具材をすべて入れ、さらに10分ほど煮る。

冷凍保存の仕方
耐熱・耐冷保存容器に1人分ずつ具材を入れ、計400gになるまで煮汁を加える。冷めたらふたをして冷凍する。

解凍方法
耐熱容器のふたをずらし、1人分（400g）につき電子レンジ（600W）で6分ほど加熱する。

point!
おでんのつゆをかけて冷凍すると、味がよくしみておいしさアップ。塩分が高いつゆはガチガチに凍らないので、解凍にあまり時間がかからないというメリットも。

【冷凍保存期間 3週間　お好み焼き】

冷凍に特化した配合！

いつも通りに作ったお好み焼きを冷凍するのもいいのですが、よりおいしく食べるために、ここで紹介するレシピは冷凍に特化した配合。粉に対する卵の割合を多めにすることで、解凍後もパサつきなし！ キャベツも多めに入れて蒸し焼きにし、水分たっぷりに焼き上げます。

完全に冷めるまではラップをかけず、適度に水分を飛ばす。こうすることで、解凍後にベシャッとしない。

point !

材料　1枚分

- 豚バラ薄切り肉（長さを半分に切る）…… 2枚（40g）
- キャベツ（刻む）（正味）150g
- 青ねぎ（小口切り）…… 20g
- 卵 …… 1個
- A
  - 薄力粉 …… 大さじ4
  - みりん …… 小さじ1
  - 顆粒和風だしの素 …… 小さじ1/3
  - 水 …… 50mℓ
- サラダ油 …… 小さじ2

作り方

1. ボウルにAを入れ、泡立て器でよく混ぜる。キャベツ、ねぎを加え、卵を割り入れ、混ぜすぎないようにざっくり全体を混ぜる。
2. フライパンにサラダ油をひき、弱めの中火で熱する。❶を直径18cmの円形に広げて豚肉を並べてのせ、3分ほど焼く。
3. 底面が固まって焼き色がついたら裏返し、ふたをして弱火で5分ほど焼く。ふたを外して裏返し、1分ほど焼く。

冷凍保存の仕方

完全に冷ましてから1枚ずつラップでピッタリと包む。冷凍用保存袋（または保存容器）に入れて冷凍する。

解凍方法

保存袋（または保存容器）から出し、ラップを外して耐熱皿にのせ、ふんわりラップをかける。電子レンジ（600W）で5分ほど加熱する。好みでソース、青のり、かつお節をかける。

【冷凍保存期間 3週間　炒り卵】

お弁当や夕食作りに便利で、わが家で常備している卵の冷凍保存のひとつです。しっかり加熱し、水分を飛ばして冷凍すれば、解凍してもふっくら炒り卵のまま！ 凍ったままチャンプルーに入れたり、レンジ解凍して春雨サラダに入れたりしても。

材料　作りやすい分量

- 卵 …… 4個
- A
  - 水 …… 大さじ2
  - マヨネーズ …… 小さじ1
- サラダ油 …… 大さじ2

冷凍保存の仕方

バットに炒り卵を広げて冷まし、余分な水分を飛ばす。冷凍用保存袋に入れて、できるだけ平らにして冷凍する。

解凍方法

凍ったまま料理に加えて加熱するか、電子レンジで解凍する。

作り方

1. ボウルに卵を溶きほぐし、Aを加えてよく混ぜる。
2. フライパンにサラダ油を入れて中火で熱し、❶を入れてヘラで大きく混ぜ、大きめの炒り卵を作り、しっかりと加熱して火を通す。

バットの下に保冷剤を敷いて急冷すると、時短になるうえ、卵が傷みにくい。マヨネーズに含まれる油分と酢がパサつき防止に役立つ。

point !

CHAPTER 5

市販品の長持ち冷凍

冷凍によって香りや風味が保たれたり、
保存期間がぐーんと長くなったりする食品があります。
風味が飛んでしまうバター、使い切れないドレッシングや
生クリームなどもおいしく保存できれば寿命がのびます!
冷凍ワザを使いこなせば、おいしさを長持ちさせ、
フードロスを防ぐことができます。

□ 調理用具は清潔なものを使用し、水気をしっかり拭き取り、雑菌の繁殖を防ぎましょう

□ 保存袋やラップは冷凍対応のものを使用し、使いまわしを避けてください

081

CHAPTER 5 市販品の長持ち冷凍

みそ

food on the market　001　miso

冷凍保存期間 **2年間**

みそは冷蔵保存だと発酵がゆっくり進み、風味が劣化してしまいます。短期間で使い切れない場合は、冷凍保存がベスト！　冷凍すると酵母菌の活動が停止して発酵が進まないので、風味がよいまま2年間も保存可能です。みそ玉（P.98参照）にしておくのもおすすめ。

冷凍保存のコツ

密閉できるホーロー保存容器などに入れ、できるだけ空気に触れないように表面にぴったりラップをかぶせ、ふたをして冷凍する。ラップが密着しなくなってきたら、新しいラップに取り替える。保存袋に入れて冷凍してもOK。

食べるとき・使うとき

塩分が高く糖質もあってガチガチには凍らないので、冷蔵保存したものと同じように使いたい分だけスプーンなどですくえる。

ドレッシング

food on the market　002　dressing

冷凍保存期間 **1か月**

開封後の賞味期限が短いドレッシングは、製氷皿で小分け冷凍にすると便利。数種類買って凍らせておけば、家族の好みがバラバラでも、各自が好きなドレッシングでサラダを食べられます。また、お弁当用のしょうゆ入れやドレッシングカップに入れて冷凍すれば、凍ったままお弁当に入れて保冷剤代わりにもできます。

冷凍保存のコツ

製氷皿に1回分ずつ入れ、ふたをして冷凍する。色移りが心配なら、製氷皿にお弁当用のおかずカップを入れてからドレッシングを入れると◎。

食べるとき・使うとき

塩分が高く、糖分もあるためガチガチには凍らないので、バターナイフなどで1粒ずつ取り出すと常温ですぐに溶ける。凍ったまま炒め物などの味つけに使っても。

082

ジャム

food on the market　003　jam

冷凍保存期間 低糖度 **2**か月
冷凍保存期間 中糖度 **6**か月

日持ちするイメージがあるジャムですが、開封後は早めに食べ切らないと冷蔵していても水分が浮いたり、カビが生えたりすることも。1回分ずつラップに包む冷凍保存方法もよく見かけますが、手間がかかるうえにラップからジャムが漏れてべたつきがち。保存容器に入れて冷凍し、使いたい分だけすくうのが手軽です。

冷凍保存のコツ

密閉できるホーロー保存容器などに入れ、できるだけ空気に触れないように表面にぴったりラップをかぶせ、ふたをして冷凍する。ラップが密着しなくなってきたら、新しいラップに取り替える。保存袋に入れて冷凍してもOK。アルミ製の保存袋だとさらによい。

食べるとき・使うとき

一般的に売られている中糖度のものは、ガチガチには凍らないので、使いたい分だけスプーンなどですくって自然解凍する。砂糖控えめの低糖度のものも同様にすくって取り出せる。

point !
トーストに塗る場合、耐熱小皿に凍ったジャムを入れてトースターの上に置いておくと、パンが焼ける頃にちょうどいい具合に解凍できる。

バター

food on the market　004　butter

冷凍保存期間 **6**か月

風味が落ちやすい、酸化しやすい、におい移りしやすい、さらには温度変化にも繊細なバター。おいしさをキープするために、ラップよりも酸素や水蒸気を遮断する力に優れた、アルミ箔に包んで冷凍します。家庭用のアルミ箔は薄いので二重に包み、さらに保存袋に入れると安心です。

冷凍保存のコツ

長期保存する場合はアルミ箔で二重に包み、冷凍用保存袋に入れて空気を抜いて冷凍する（アルミ製の保存袋を使うなら、アルミ箔で一重に包むかラップで包めばOK）。使用頻度が高く、早めに使い切れる場合は、小分けにしてラップで包み、保存袋に入れて空気を抜いて冷凍しても。

食べるとき・使うとき

解凍せず、そのまま料理に加える。やわらかくしてお菓子作りに使う場合は、自然解凍もOK（すぐに使い切る）。

083

生クリーム（動物性）

| food on the market | 005 | fresh cream |

冷凍保存期間 **3** 週間

生クリームは液状のまま、もしくは砂糖を加えないまま冷凍すると水分と脂肪分が分離し、ざらざらとした口当たりになってしまいます。なめらかな状態で保存したい場合は、砂糖を混ぜてしっかり泡立ててから冷凍を。ただし、解凍時に少しゆるくなってしまうので、用途に合わせて泡立て直してください。生クリームはにおいがつきやすい食材。小分けにせず、まとめて冷凍すると、空気に触れる部分が少なくなり、においがつきにくくなります。液体のまま冷凍し、分離した生クリームを救済する方法もあります！ ホワイトソースやシチューなどに加えて加熱すること。これでおいしくいただけます。いずれも解凍したら早めに使い切ってください。

冷凍保存のコツ

生クリーム100mlに10～20gのグラニュー糖を加え、ツノがしっかり立つまで泡立てる。冷凍用保存袋に平らにして入れ、空気を抜いて冷凍する。

食べるとき・使うとき

使いたい分だけカットし、凍ったまま飲み物に浮かべたり、パンケーキに添えたりする。泡立てた生クリームは空気を多く含むので、大さじ4杯分くらいまでの少量ならすぐに自然解凍できる。ケーキのデコレーションなどに使う場合は、冷蔵庫で半分ほど解凍し、泡立て直す。半解凍で泡立てると、すぐに泡立ってクリームもダレにくい。半解凍が待てない場合は、ざっくりカットしてボウルに入れ、泡立て器でザクザクつぶしていくと早く解凍できる。

NG すぐに食べる場合は自然解凍でOK。温度が上がると菌が増える原因になるので、手でもんで解凍するのはNG。

ヨーグルト

| food on the market | 006 | yoghurt |

冷凍保存期間 **1** か月

無糖プレーンヨーグルトをそのまま冷凍すると分離してしまいますが、糖分を加えるとなめらかな状態で冷凍できます。糖分が高いほどなめらかになり、解凍時間が短くなるので、甘さは用途や好みに応じて調整を。たとえば、プレーンヨーグルト200gに対してはちみつや練乳を大さじ2杯ほど加えて混ぜ、カットしたフルーツを加えて製氷皿や保存袋に入れて凍らせればヨーグルトアイスになります。また、水きりしてから糖分を加えて冷凍すると、よりなめらかな食感のまま冷凍できますよ。

冷凍保存のコツ

無糖プレーンヨーグルト1パック（400g）に、砂糖またははちみつを大さじ2杯以上加えてよく混ぜ、冷凍用保存袋に入れて平らにし、空気を抜いて冷凍する。保存袋にできるだけ薄くなるように入れて冷凍すれば、手で割って使いたい分だけ取り出せる。加糖ヨーグルトの場合は、未開封のものは包装容器ごと、開封してしまったものは冷凍保存袋に入れ替え、平らにして冷凍する。解凍後はよく混ぜる。

食べるとき・使うとき

すぐに食べる場合は自然解凍でOK。溶けるのに時間がかかると傷むので、薄く冷凍したものや小分けにしたものを解凍すること。または、冷蔵庫に入れて半分ほど解凍できたところを混ぜ溶かして食べる。凍ったままアイスとして楽しむのもおすすめ。その場合は砂糖を倍量に。

NG 基本的に自然解凍は不可。中途半端に温度が上がると菌が増える原因になるので、手でもんで解凍するのはNG。

ミックスチーズ

冷凍保存期間 1か月

007　mixed cheese

発酵食品のチーズは、開封後の風味が変わりやすく、カビが生えやすくなる食材。また、香りで傷んでいるかどうか判断がつきにくい食品なので、冷凍保存が安心です。ミックスチーズのほかにスライスチーズも冷凍可能ですが、開封してしまったものは乾燥しやすいので、保存袋はしっかり密閉できるものを選んでください。

冷凍保存のコツ

ミックスチーズは、冷凍用保存袋に入れ、できるだけ平らにして冷凍する。凍ったら菜箸でほぐしてパラパラにし、空気を抜いて冷凍する。スライスチーズは個包装のまま、冷凍用保存袋に入れて冷凍する。アルミ製の保存袋に入れると、乾燥やにおい移りをより防げる。

食べるとき・使うとき

すぐに溶けるので解凍せず、凍ったままトーストにのせたり、グラタンにのせたりして、冷蔵のものと同様の方法で加熱調理する。加熱時間は凍っている分、少し長くなる。自然解凍は不可。生食せず、必ず加熱して食べる。

春巻きの皮

冷凍保存期間 1か月

008　spring roll wrap

使い切れずに残ってしまったものは冷凍保存しておけば、お弁当おかずなど少しだけ使いたい場合にも重宝します。最初に1枚ずつはがしてから冷凍するひと工夫で、解凍後の使いやすさがアップ。残った炒めものやチーズ、ベーコンを包んで揚げても。

冷凍保存のコツ

1枚ずつはがしてから再び重ね、しっかりラップに包んで冷凍用保存袋に入れて冷凍する。未開封なら包装袋のまま冷凍してOK。

食べるとき・使うとき

冷蔵庫に移して解凍、または自然解凍。解凍後に乾燥していたら、霧吹きで水をかけるか、濡らして固く絞ったペーパータオルをかけてしばらくおいて水分を補う。

クリームチーズ

冷凍保存期間 1か月

009　cream cheese

未開封の状態だと保存期間が長いクリームチーズですが、水分を多く含んでいるため、一度開封してしまうと傷みやすくなります。すぐに食べ切れない場合は小分けにしてラップで包み、冷凍保存しておきましょう。加熱して使うとなめらかな食感になるので、チーズケーキやマフィンなどの焼き菓子に使うのがおすすめです。アルミ製の包装がされているもので一度開封したものも、そのままぴったりと包み直し、保存袋に入れて冷凍してください。

冷凍保存のコツ

使いやすい分量に小分けし、ラップで包んで冷凍用保存袋に入れて空気を抜いて冷凍する。分量を油性ペンで書いておくと便利。アルミ製の保存袋に入れると、乾燥やにおい移りをさらに防げる。未開封のアルミ製包装紙のまま、まるごと冷凍すると賞味期限＋1か月保存できる。一度開封したものも、アルミ製包装紙でぴったりと包み直してから冷凍用保存袋に入れると、におい移りが少なくすむ。

食べるとき・使うとき

ラップに包んでいるものは冷蔵庫に移して解凍するか、電子レンジの解凍モードを使って解凍。すぐ使う場合は自然解凍も可。未開封のアルミ製包装紙のものは冷蔵庫に移して解凍する。レンジで解凍する場合は耐熱容器に移し、ラップをかけて解凍モードで解凍する。冷凍したものは生食すると口当たりがよくないので、加熱してお菓子や料理などに使う。

餃子の皮

冷凍保存期間 1か月

010　gyoza wrap

小分けにして冷凍しておくと、便利。自然解凍するとベタついてしまうので必ず冷蔵庫に移して解凍を。明太子とチーズをはさんで焼いてちょっとしたおつまみにしたり、凍ったままワンタンの代わりにスープに入れたりしても。

冷凍保存のコツ

よく使う枚数に分け、しっかりラップに包んで冷凍用保存袋に入れて冷凍する。未開封なら包装袋のまま冷凍してOK。

食べるとき・使うとき

常温解凍はNG。冷蔵庫に移して解凍。解凍後に乾燥していたら、濡らして固く絞ったペーパータオルをかけてしばらくおいて水分を補う。

しょうが

011　ginger

冷凍保存期間 **3** 週間

無駄なく使うために、まとめてみじん切りやすりおろしにして冷凍しておきましょう。解凍すると水分が出て香りや風味が逃げるので、凍ったまま使います。

冷凍保存のコツ

みじん切り、細切り、薄切り、すりおろす（汁気を軽くきる）など、使う用途に合わせて下処理して冷凍用保存袋に入れ、できるだけ平らにして空気を抜いて冷凍する。細切り、薄切りなど形をくずしたくないものは、小分けにしてラップに包んでから冷凍用保存袋に入れて冷凍する。

食べるとき・使うとき

使いたい分だけパキッと折って、凍ったまま使う。小分けにしたものは折らずに使う。

にんにく

013　garlic

冷凍保存期間 **3** 週間

買っても使い切れないにんにくは、まとめてみじん切りやすりおろしにして冷凍を。冷凍する際は保存袋を二重にしておくと、冷凍保存中もほとんどにおいが気になりません。解凍すると水分が出て香りや風味が逃げるので、凍ったまま使います。

冷凍保存のコツ

みじん切り、薄切り（芽を取る）、すりおろすなど使う用途に合わせて下処理して冷凍用保存袋に入れ、できるだけ平らにして空気を抜いて冷凍する。薄切りなど形をくずしたくないものは小分けにしてラップに包んでから保存袋に入れて冷凍する。凍るまでは特に香りが強いので、保存袋を二重にして冷凍するとよい。

食べるとき・使うとき

使いたい分だけパキッと折って、凍ったまま使う。小分けにしたものは折らずに使う。

パセリ

012　parsley

冷凍保存期間 **3** 週間

ちょこっとずつしか使わないパセリこそ冷凍がおすすめ！冷凍すると生のときよりも苦みがやわらぐので、彩りにたっぷり使えます。保存期間が長くなると香りは飛びますが、ドライパセリのように気軽にパッとふって使える、心強い冷凍ストックです。

冷凍保存のコツ

茎を除いてペーパータオルではさんでしっかりと水気を拭き、細かく刻む。冷凍用保存袋に入れ、平らにして冷凍する。

食べるとき・使うとき

凍ったまま使いたい分だけ乾いたスプーンで取り出して使う。保存袋を手で触るだけですぐに溶けるので、ふきんなどを使って袋を持つとよい。使ったらすぐに冷凍庫にしまう。

青ねぎ

014　green onion

冷凍保存期間 **3** 週間

まとめて刻んでおきたいねぎ類も冷凍保存のスタメン食材。ペーパータオルでしっかり水気を拭くのが、パラパラに冷凍するコツです。みそ汁やお料理の彩りに重宝します。

冷凍保存のコツ

1本ずつペーパータオルでしっかりと水気を拭き、小口切りにする。冷凍用保存袋に入れ、平らにして冷凍する。

食べるとき・使うとき

凍ったまま使いたい分だけ乾いたスプーンで取り出して使う。保存袋を手で触るだけですぐに溶けるので、ふきんなどを使って袋を持つとよい。使ったらすぐに冷凍庫にしまう。

ベーコン

015　bacon

冷凍保存期間　3週間

脂分が多く、酸化しやすいので開封後は3日ほどで消費が基本。でも冷凍しておけば、3週間保存できて無駄になりません。用途に合わせて切って冷凍すると、朝食やお弁当作りなどに凍ったまま使えて活躍します。

冷凍保存のコツ

ブロックベーコンは好みの大きさに切り、冷凍用保存袋に入れて空気を抜いて冷凍する。スライスベーコンは小分けにしてラップをしてから冷凍用保存袋に入れておくと、使いたい分だけ取り出せる。時間がない場合は、買ってきたままの包装袋ごと冷凍してもOK。スライスベーコンは凍ったまま簡単にカットすることができ、解凍時間も短くてすむ。

食べるとき・使うとき

凍ったまま加熱調理する。ロールキャベツやベーコン巻きなど成形が必要な調理に使用する場合は自然解凍する。

ウインナーソーセージ

016　wiener sausage

冷凍保存期間　1か月

開封後の賞味期限は短いので、冷凍がおすすめです。ソーセージは斜め切りにして冷凍しておけば、炒めものなどに凍ったままサッと使えて便利。切らずにまるごと冷凍すれば、くっつかないので使いたい分だけ簡単に取り出せます。凍ったまま目玉焼きと一緒に焼いたり、スープに入れたりして活用できます。

冷凍保存のコツ

使いやすい大きさに切るか、まるごと冷凍用保存袋に入れて冷凍する。冷凍前に破裂予防のための切り込みを入れておくと、解凍せずにまるごと調理できで便利。未開封なら包装袋のまま冷凍可能。

食べるとき・使うとき

まるごと冷凍の場合は冷蔵庫に移して解凍するか、凍ったまま鍋やフライパンに入れ、弱火でじっくり解凍しながら調理する。レンジ解凍は切り込みを入れていても破裂する可能性があるので不可。カットしたものは凍ったまま加熱してもすぐに火が通る。

ちくわ

017　chikuwa

冷凍保存期間　3週間

ちくわは冷凍すると小さな「す」が入りますが、薄く切る、炒める、煮るなどすると気にならず、おいしくいただけます。冷凍ちくわは、加熱調理するとほどよく水分が抜けて弾力が増し、うまみが凝縮して感じられます。また、できた「す」に調味料がしみ込みやすくなります。

冷凍保存のコツ

冷凍用保存袋にまるごと入れるか、斜め薄切りや小口切りにして、できるだけ重ならないように保存袋に入れ、平らにして空気を抜いて冷凍する。

食べるとき・使うとき

まるごと冷凍しても包丁で切れるかたさなので、凍ったまま好みの大きさに切り、加熱調理する。または自然解凍してあえものに加えても。カットして冷凍したものは使う分だけサクッと割って取り出し、凍ったまま調理する。

もち

018　rice cake

冷凍保存期間　1か月

個包装されていない切りもちや丸もち、手作りのもちは、すぐにカビが生えてしまいます。乾燥しないようにしっかりラップをして、冷凍保存しておきましょう。解凍時の加熱時間は、ふくらみ具合を見て調節してください。

冷凍保存のコツ

1個ずつラップで包み、冷凍用保存袋に入れて冷凍する。

食べるとき・使うとき

電子レンジ解凍の場合は、深さがある耐熱容器に凍ったもち1個（50g）を入れ、ひたひたに水を注いでラップなしで600Wで40～50秒加熱する。こうすると、つきたてのようにやわらかくなる。または、自然解凍してから水にくぐらせ、オーブントースターでこんがりするまで焼く。

087

お団子

food on the market　019　dango

冷凍保存期間 1か月

手作りや市販のお団子も冷凍可能です。みたらし団子も3色団子も、レンジ解凍で、もちもちに戻りますよ。竹串は電子レンジ加熱不可なので必ず抜いてください。

冷凍保存のコツ
竹串を抜き、1串分ずつラップに包み、冷凍用保存袋に入れて冷凍する。

食べるとき・使うとき
耐熱皿にラップごと1串分をのせて、電子レンジ（600W）で20秒ほど加熱すると、でき立てのようにやわらかくなる。

レモン

food on the market　020　lemon

冷凍保存期間 1か月

皮ごと使う場合が多いので、ノーワックスの国産のものがおすすめです。ワックスつきのものは、きれいに洗ってよく拭いておきます。カットして保存する場合、重ならないように平らにして冷凍すれば、レモン同士がくっつきません。冷凍したレモンは解凍したときに全体的にやわらかくなり、果汁が搾りやすくなるメリットも。搾って使いたい場合は、半分に切ってから冷凍しておくと便利。砂糖漬けや塩漬けしての冷凍も可能です。

冷凍保存のコツ
輪切り、くし形切りなど用途に合わせて切り、できるだけ重ならないように冷凍用保存袋へ入れて、空気を抜いて冷凍する。まるごと、半分にカットしたものはラップに包んでから冷凍用保存袋に入れて冷凍。

食べるとき・使うとき
まるごとや半分にカットしたものは、自然解凍して果汁を搾る。皮を使う場合は、解凍するとやわらかくなっておろしにくくなるので、凍ったまますりおろす。輪切り、くし形切りは凍ったままアイスティーやレモンサワーなどの飲み物に入れるほか、自然解凍してから揚げなどに添える。

肉のゆで汁

food on the market　021　boiled soup

冷凍保存期間 1か月

鶏肉や豚肉のゆで汁は、おいしさの詰まったお宝スープ！ 捨てずに冷凍しておきましょう。肉のエキスが溶け込んでいるおだしなので、顆粒鶏ガラスープの素などの代わりにいろいろな料理に使えます。

冷凍保存のコツ
冷めたら冷凍用保存袋に入れ、下の写真のように汁漏れ防止のためにバットに入れて開閉口を垂直にして冷凍する。製氷皿に小分けに入れて冷凍してもOK。

食べるとき・使うとき
凍ったまま鍋に入れ、だしとして使う。炊き込みご飯のだしにする場合は、耐熱容器に入れてラップなしで電子レンジの解凍モードで解凍してから加える。その際、温かくならないように注意する。

あさり

food on the market　022　clams

冷凍保存期間 3週間

あさり（砂抜きずみ）は鮮度が大事なので、買ってきてすぐに冷凍。手で触っても口が閉じないあさりはすでに死んでいるので、必ず取り除いてください。また、冷凍後は砂抜きができないので、冷凍前に砂抜きを。冷凍に時間がかかると、その間に死んでしまう貝が出てくるので、保冷剤を使って急冷します。

冷凍保存のコツ
あさり（砂抜きずみ）は水で洗って軽く水気をきり、冷凍用保存袋に入れてできるだけ平らにし、空気を抜く。食中毒の原因になるので、ストローで吸って空気を抜かないように。保存袋を金属製のバットに入れて保冷剤をのせ、冷凍庫に入れてできるだけ短時間で凍らせる。

食べるとき・使うとき
凍ったまま加熱調理する。加熱しても口が開かないあさりは食べないこと。

089

食パン

food on the market　023　bread

冷凍保存期間 **1か月**

乾燥しやすく、夏場はカビも生えやすい食パンは、冷蔵保存に向いていないので、ふかふかのうちに冷凍保存を。1か月ほど保存は可能ですが、トーストでおいしくいただけるのは2週間まで。トーストするときは霧吹きで水をかけたり、あればスチーム機能つきトースターで焼いたりすると◎。冷凍期間が2週間を過ぎると乾燥が進むので、凍ったままおろし金でおろして生パン粉にするのがおすすめ。ハンバーグのつなぎにしたり、フライの衣に使ったりできます。

冷凍保存のコツ

1枚ずつラップで包んでから、アルミ箔でさらに包んで、冷凍用保存袋に入れて冷凍する。あればアルミ製の保存袋に入れるとよい。アルミ箔に包んでから保存すると、結露が少なくすみ、におい移りも防げる。

食べるとき・使うとき

凍ったままオーブントースターで焼く場合は、霧吹きでパンの表面にまんべんなく水をかけ、様子を見ながら、普通のトーストよりも2〜3分長く焼く。電子レンジで解凍する場合は、ラップで包んだまま耐熱皿にのせ、1枚につき600Wで30秒ほど温める。自然解凍でもOK。

ANOTHER IDEA
フレンチトーストにして冷凍

材料 1人分

- 食パン —— 1枚
- 卵 —— 1個
- 砂糖 —— 大さじ1
- 牛乳 —— 100mℓ

作り方

1. ボウルに卵と砂糖を入れてよく混ぜ、牛乳を加えて混ぜる。
2. 冷凍用保存袋に食パンと❶を入れて空気を抜き、全体に卵液をなじませて冷凍する。

☑ **食べるとき**

冷蔵庫に移して解凍する。フライパンにバター20gを入れて弱火で溶かし、解凍したフレンチトースト1枚を入れ、ふたをして6分ほど焼く。裏返してふたをしたまま5分ほど焼き、ふたを外して1分ほど焼く。器に盛り、好みではちみつやメープルシロップをかけていただく。

> 食パンを卵液に浸して冷凍すれば、ホテル朝食みたいなフレンチトーストがすぐ完成！冷蔵庫に移して解凍している間にパンに卵液がしみ込んで、とろける食感に。

CHAPTER 6

家族に届けたい「仕送り」冷凍ごはん

□ 保存袋や保存容器は冷凍対応のものを使用し、保存袋は使いまわしを避けてください

□ 保存容器は、ふたも冷凍対応かつ耐熱のものを使用してください

□ 加熱、解凍時間は目安です。様子を見ながら解凍するようにしてください

離れて暮らす息子に体にやさしいご飯を食べてほしい！
そんな母心から生まれたのが「『仕送り』冷凍ごはん」です。
ひとり暮らしをしている息子に、できるだけ手間なく
栄養をとってほしくて、レンジ加熱するだけの
冷凍おかずやどんぶりを考えました。火を使わずに
食べられるので単身赴任中の旦那さんや、
高齢の親御さんにもおすすめですし、
同居している家族のお留守番ごはんにもぴったり！

CHAPTER 6 家族に届けたい「仕送り」冷凍ごはん

EXPRESS HOME DELIVERY

ガッツリ食べて元気をチャージ「仕送り」肉おかず

お腹を満たしてしっかりエネルギーチャージしてほしいとなると、外せないのがお肉のおかず。栄養バランスよく、野菜も一緒にとれるように工夫しました。

冷凍保存期間 **3週間**

煮込みハンバーグ
＊＊＊

ジューシーでひき肉のパサつきが気にならない煮込みハンバーグは冷凍向き！ ひとり暮らしは野菜不足になりがちなので、ブロッコリーも添えています。

食べるとき

保存袋から出し、耐熱皿に入れてふんわりラップをかける。電子レンジ（600W）で1袋分につき5分30秒ほど加熱する。

材料 2食分（各330g）

- 合いびき肉 —— 150g
- 玉ねぎ（みじん切り）—— 1/2個
- 玉ねぎ（薄切り）—— 1/2個
- しめじ（小房に分ける）—— 1袋
- A 塩、こしょう —— 各小さじ1/4
- B パン粉、牛乳 —— 各大さじ1
- 卵 —— 1個
- C トマトケチャップ —— 大さじ4
  中濃ソース —— 大さじ1と1/2
  顆粒コンソメスープの素 —— 小さじ1/2
  おろしにんにく（チューブ）—— 2cm
- 水 —— 100ml
- 牛乳 —— 大さじ2
- サラダ油 —— 小さじ2
- バター —— 10g
- ブロッコリー（小房に分けて塩ゆでする）—— 小1/2個

作り方

❶ 玉ねぎ（みじん切り）は耐熱皿に入れ、ふんわりラップをかけて電子レンジ（600W）で3分ほど加熱して冷ます。Bは混ぜ合わせてふやかす。

❷ ポリ袋にひき肉、Aを入れてねばりが出るまでよくこねる。❶を加え、全体になじむまで袋をもんで混ぜ合わせる。

❸ 手にサラダ油（分量外）を薄く塗り、肉だねを2等分する。両手の間でキャッチボールをするように投げて空気を抜き、1.5cm厚さの楕円形に成形する。

❹ フライパンにサラダ油をひいて中火で熱し、❸を並べて焼く。焼き色がついたら裏返し、空いている部分に玉ねぎ（薄切り）、しめじを入れて2分ほど焼く。

❺ Cを加え、ときどきソースをかけながら弱火で10分ほど煮込み、牛乳を加えて混ぜる。火を止めてバターを加え、全体になじませる。

❻ 冷めたら冷凍用保存袋2枚に❺、ブロッコリーを等分してできるだけ平らに入れ、空気を抜いて冷凍する。

息子へのわが家の仕送り冷凍ごはん

ひとり暮らしをしている大学生の長男とは、仕送りごはんで愛情のコミュニケーションをしています。ハンバーグ、しょうが焼きは毎回リクエストされており、ほかに豚の角煮や煮物、おにぎり、手作りパンなどを用意。「冷凍庫のスペースが確保できそう」と連絡がきたら、自分の都合で準備します。

発送前に写真を撮り、写真とともに食べ方と解凍方法をLINEで伝えます。「フタをずらしてレンチンして」「加熱しすぎに注意」とか。保存容器は冷凍庫のスペースをとるので、なるべく保存袋に入れるように。

甘いものも欠かさずに。手作りのマフィンやガトーショコラ、ロールケーキは喜ばれますね！

冷凍保存期間 **3週間**

すき焼き

***

ひとり暮らしではめったに食べないすき焼きは、喜ばれること間違いなし！ 温め直す際に味がしみ込むので、煮込み時間は短くて OK。
特売肉でも冷凍のおかげでやわらかくいただけます。

材料 2食分（各 400g）

- 牛ロース薄切り肉 —— 200g
- 長ねぎ（斜め切り）—— 1本
- 白菜（2cm幅に切る）—— 1/2個
- しいたけ（軸を除いて十字に飾り切りする）—— 4本
- 焼き麩 —— 10個
- A 砂糖 —— 大さじ4
   しょうゆ —— 大さじ3
   みりん、酒 —— 各大さじ2
   水 —— 100mℓ

作り方

1. 直径24cmほどの鍋に白菜を平らに入れ、その上に長ねぎ、麩、しいたけ、牛肉の順に並べ、混ぜ合わせたAをまわし入れる。
2. ふたをして強火にかけ、沸騰したらふたを外す。弱めの中火で15分ほど、途中で肉の上下を返して煮汁をかけながら煮る。
3. 冷めたら保存容器2個に具材を等分して入れ、煮汁を大さじ5ずつ加え、ふたをして冷凍する。

食べるとき

保存容器のふたを外し、ふんわりラップをかける。電子レンジ（600W）で1個につき6分ほど加熱する。

鶏肉と彩り野菜の甘酢あん

***

鶏肉に片栗粉をまぶすことで、解凍後もやわらかさをキープ！
野菜は食感よく色鮮やかに仕上げたいので、
それぞれ別に炒めて保存袋にあと入れします。

材料 2食分（各 280g）

- 鶏もも肉（ひと口大に切る）—— 1枚（300g）
- なす（ひと口大に切る）—— 1本
- れんこん（4mm厚さの半月切り）—— 1/4節
- 赤パプリカ（ひと口大に切る）—— 1/2個
- 片栗粉 —— 大さじ1と1/2
- A 砂糖、水 —— 各大さじ4
   酢 —— 大さじ2
   しょうゆ —— 大さじ1
- サラダ油 —— 大さじ3と1/2

作り方

1. 鶏肉に片栗粉をまぶす。Aは混ぜ合わせておく。
2. フライパンにサラダ油大さじ2を入れて中火で熱し、なすを2分ほど炒め、取り出して冷ます。
3. ❷のフライパンにサラダ油大さじ1/2を入れて中火で熱し、れんこん、パプリカを2分ほど炒め、取り出して冷ます。
4. ❸のフライパンにサラダ油大さじ1を入れて中火で熱し、❶を並べて片面3分ずつ両面を焼く。弱火にしてAを加え、とろみがつくまで炒める。
5. 冷めたら冷凍用保存袋2枚に❷、❸、❹を等分して入れ、できるだけ平らにして空気を抜いて冷凍する。

食べるとき

保存袋から出し、耐熱皿に入れてふんわりラップをかける。電子レンジ（600W）で1袋につき5分30秒ほど加熱し、軽く混ぜる。

CHAPTER 6 家族に届けたい「仕送り」冷凍ごはん

EXPRESS HOME DELIVERY

不足しがちな魚は送るのが正解！

「仕送り」魚おかず

肉ばかりじゃなく魚も食べてほしいけど、自炊初心者にとって魚の調理はハードル高め。外食も肉に偏りがちなので、冷凍仕送りしましょう。ほっと安らぐ魚のおかずは喜ばれます。

冷凍保存期間 **3** 週間

ぶり大根
* * *

冷凍した大根は味しみがよく、
お箸でスッと切れるやわらかさ。
煮込み時間が短いのでぶりの煮くずれも防げます。
しみじみおいしい和の味わいです。

材料 2食分（各280g）

- ぶり（3等分に切る）—— 2切れ（240g）
- 大根（1.5cm厚さの半月切り）—— 1/4本
- しょうが（細切り）—— 1/2かけ
- A 塩、酒（あれば）—— 各適量
- B 砂糖、みりん、しょうゆ、酒 —— 各大さじ2
- 水 —— 100ml
- サラダ油 —— 小さじ2

作り方

1. ぶりはAをまんべんなくふり、10分ほどおいてサッと水で洗い流し、余分な水気を拭く。
2. 耐熱容器に大根、水大さじ2を入れてふんわりラップをかける。電子レンジ（600W）で8分ほど加熱する。
3. フライパンにサラダ油を入れて中火で熱し、❶を並べて片面につき2分ずつ焼く。端に寄せて❷を入れ、B、しょうがを加えて落としぶたをし、弱火で5分煮る。
4. 冷めたら冷凍用保存袋2枚に等分して入れ、煮汁も等分して注ぎ、できるだけ平らにして空気を抜いて冷凍する。

食べるとき

保存袋から出し、深めの耐熱皿に入れてふんわりラップをかける。電子レンジ（600W）で1袋につき5分40秒ほど加熱する。

冷凍保存期間 **3** 週間

鮭と彩り野菜のみそ蒸し
* * *

鮭はたっぷりキャベツとのバランスを考え、濃いめの味つけに。これとご飯さえあれば彩りのいい食事が完成！ キャベツは鮭と別に炒め、食感が残るように加熱時間を短めにしました。

材料 2食分（各280g）

- 生鮭（切り身）—— 2切れ（200g）
- キャベツ（ひと口大に切る）—— 1/8個
- にんじん（薄い斜め切り）—— 1/3本
- しめじ（小房に分ける）—— 1/2袋
- ホールコーン（冷凍）—— 50g
- A みそ、砂糖、めんつゆ（2倍濃縮）—— 各大さじ2
- しょうゆ —— 小さじ1
- サラダ油 —— 大さじ1

作り方

1. フライパンにサラダ油大さじ1/2を入れて中火で熱し、キャベツを3分ほど炒め、取り出す。
2. ❶のフライパンにサラダ油大さじ1/2を入れ、しめじ、にんじん、コーン、鮭の順にのせる。混ぜ合わせたAをまわし入れ、ふたをして弱めの中火で7分ほど様子を見ながら煮る。
3. 冷めたら冷凍用保存袋2枚に❷を等分して入れ、タレも等分して入れる。汁気をきった❶を等分してそれぞれに加え、できるだけ平らにして空気を抜いて冷凍する。

食べるとき

保存袋からキャベツを取り出して耐熱皿に広げ、その上に残りの具材をのせる。ふんわりラップをかけ、電子レンジ（600W）で1袋につき5分ほど加熱する。

EXPRESS HOME DELIVERY

ご飯もおかずも一気にチンでラクうま

「仕送り」どんぶり

おかずとご飯をそれぞれレンチンする手間を省きました！ 保存容器のまま電子レンジ加熱して、アツアツをすぐにほおばれて、洗い物も最小限とうれしいことづくめです。

冷凍保存期間 **3週間**

しょうが焼き丼

* * *

薄力粉をまぶして豚肉を焼くと、調味料がしっかりからみ、解凍後もてりてりツヤツヤ！ ご飯がタレでべちゃっとすることもありません。ピーマンを添えてビタミンもチャージ。

材料 2食分（各400g）

- 豚ロース薄切り肉 ── 6枚（200g）
- 玉ねぎ（薄切り） ── 1/2個
- ピーマン（細切り） ── 1個
- 薄力粉 ── 大さじ1と1/2
- A しょうが（すりおろす） ── 1/3かけ
　砂糖 ── 大さじ2
　しょうゆ ── 大さじ1と1/2
　みりん ── 大さじ1
- ご飯（炊き立てを冷ましたもの）
　── どんぶり2杯分（500g）
- サラダ油 ── 大さじ1

作り方

① 豚肉の両面に薄力粉を茶こしなどで薄くまぶす。Aは混ぜ合わせておく。

② フライパンにサラダ油小さじ1を入れて中火で熱し、ピーマンを1分ほど炒め、取り出して冷ます。

③ フライパンにサラダ油小さじ2を入れて中火で熱し、①の豚肉をできるだけ重ならないように並べる。肉の色が変わるまで片面につき1分30秒ずつ焼く。

④ 玉ねぎを加えて30秒ほど炒め合わせ、Aを加えて照りが出るまで煮からめ、取り出して冷ます。

⑤ 保存容器2個にご飯を半量ずつ平らに入れ、④の具材を等分してのせる。②のピーマンを等分して添え、ふたをして冷凍する。

食べるとき

保存容器のふたを外し、ふんわりラップをかける。電子レンジ（600W）で1個につき6～6分30秒加熱する。

冷凍保存期間 **3週間**

照り玉チキン丼

* * *

鶏肉は冷凍やけ防止のために片栗粉とはちみつでコーティング。卵にはマヨを加えてふわふわをキープします。こんがり長ねぎの風味が効いてお箸がどんどんすすむ！

材料 2食分（各500g）

- 鶏もも肉（ひと口大に切る） ── 1枚（300g）
- 長ねぎ（4cm長さに切る） ── 1本
- 片栗粉 ── 小さじ2
- A 卵（割りほぐす） ── 4個
　水 ── 大さじ2
　マヨネーズ ── 小さじ1
- B 砂糖、はちみつ、しょうゆ
　── 各大さじ1と1/2
- サラダ油 ── 大さじ2
- ご飯（炊き立てを冷ましたもの）
　── どんぶり2杯分（500g）

作り方

① 鶏肉に片栗粉をまぶす。ボウルにAを入れてよく混ぜ合わせる。

② フライパンにサラダ油大さじ1を入れて中火で熱し、①の卵液を流し入れる。ヘラなどで大きく混ぜるようにして大きめの炒り卵を作り、取り出して冷ます。

③ ②のフライパンの汚れを拭き、サラダ油大さじ1を入れて弱めの中火で熱し、長ねぎ、①の鶏肉を並べ入れる。片面につき3分ずつ焼き、Bを加えて照りが出るまで煮からめる。取り出して冷ます。

④ 保存容器2個にご飯を半量ずつ平らに入れ、②を等分して平らにのせる。③もタレごと等分してのせ、ふたをして冷凍する。

食べるとき

保存容器のふたを外し、ふんわりラップをかける。電子レンジ（600W）で1個につき6分30秒～7分加熱する。

095

CHAPTER 6 家族に届けたい「仕送り」冷凍ごはん

EXPRESS HOME DELIVERY

インスタント感覚で食べられる「仕送り」コンテナ麺

麺と具、たれをコンテナ（保存容器）にセットして冷凍します。インスタント麺はあれこれ売っていますが、こんなに具材がたっぷり入っているのは自家製ならでは。スープの素は小袋に詰めて冷凍し、食べる前に袋から出してコンテナに入れてレンジ加熱します。

肉うどん

冷凍保存期間 **3**週間

牛肉がたくさん入って、食べごたえ十分。
凍らせたまいたけからうまみがあふれ、
つゆのおいしさがアップします。
お湯を注いでレンチンするだけの手軽さ！

材料 容量1100mlの保存容器・1個分

- ゆでうどん（生）── 1袋（180g）
- 牛こま切れ肉 ── 30g
- 油揚げ（1cm幅の細切り）── 1/3枚（15g）
- まいたけ（小房に分ける）── 35g
- 青ねぎ（小口切り）── 1/2本
- A めんつゆ（2倍濃縮）── 大さじ2
  　しょうゆ ── 大さじ1

作り方

① 耐熱・耐冷の保存容器にうどんを入れ、具材をすべてのせる。

② 小さめの保存袋にAを入れ、①にのせる。ふたをして冷凍する。

食べるとき

保存容器のふたを外し、保存袋からスープを押し出してコンテナに入れ、熱湯400mlを注ぐ。ふたを斜めにずらしてのせ、電子レンジ（600W）で5分ほど加熱し、サッと混ぜる。

ちゃんぽん麺

冷凍保存期間 **3**週間

野菜不足が心配な人に届けたい、
鶏ガラベースのちゃんぽん麺。絹さや、にんじん、
かまぼこなど彩りもよく華やかです。
飲み会などで遅く帰ってきた日のお夜食にも。

材料 容量1100mlの保存容器・1個分

- 中華蒸し麺 ── 1袋（150g）
- かまぼこ（薄く切る）── 4枚（20g）
- キャベツ（ひと口大に切る）── 20g
- 長ねぎ（1cm厚さの斜め切り）── 20g
- にんじん（薄い短冊切り）── 20g
- 絹さや（筋を取り除く）── 3枚（6g）
- A 顆粒鶏ガラスープの素 ── 小さじ2
  　しょうゆ、ごま油 ── 各小さじ1
  　おろししょうが（チューブ）── 2cm
  　塩、こしょう ── 各小さじ1/4

作り方

① 耐熱・耐冷の保存容器に中華麺を入れ、具材をすべてのせる。

② 小さめの保存袋にAを入れ、①にのせる。ふたをして冷凍する。

食べるとき

保存容器のふたを外し、保存袋からスープを押し出してコンテナに入れ、熱湯400mlを注ぐ。ふたを斜めにずらしてのせ、電子レンジ（600W）で5分ほど加熱し、サッと混ぜる。

EXPRESS HOME DELIVERY

外食みたいで気分が上がる「仕送り」洋食おかず

おいしくて、レトロでかわいい洋食屋さん風おかず。ひとりでの食事はどこかさみしく感じられますが、こんなおかずならウキウキとした気分に！

冷凍保存期間 3週間

シーフードグラタン

＊ ＊ ＊

トースターで焼かなくてもしっかりおいしい、とろとろクリーミーなグラタン。チーズはホワイトソースが冷めてからのせると、解凍後によくのびます。

材料 2食分（各350g）

冷凍シーフードミックス —— 200g
玉ねぎ（薄切り） —— 1/2個
マカロニ —— （乾燥の状態で）50g
バター —— 25g
薄力粉 —— 大さじ4
牛乳 —— 400mℓ
A 顆粒コンソメスープの素
　　　 —— 小さじ1/2
　 こしょう —— 少し
ミックスチーズ —— 60g

作り方

1. マカロニは袋の表示通りにゆでておく。
2. フライパンにバターを入れて中火で熱し、凍ったままのシーフードミックス、玉ねぎを加える。玉ねぎがしんなりするまで4分ほど炒め、薄力粉をふり入れて粉っぽさが完全になくなるまで炒める。
3. 牛乳を少しずつ加え、混ぜながらのばしていく。混ぜるうちに牛乳が具となじんでとろみがついたら、再び牛乳を加える。牛乳が全量なくなるまでこれを繰り返す。
4. 1とAを加えて全体を混ぜ、弱火で1分ほど煮る。
5. 保存容器2個に等分して入れ、熱いうちにぴったりとラップをして保冷剤の上にのせる。冷めたらチーズを半量ずつのせ、ふたをして冷凍する。

食べるとき

保存容器のふたを外し、ふんわりとラップをかける。電子レンジ（600W）で1個につき6分ほど加熱する。

冷凍保存期間 3週間

ふわふわオムレツ
デミ風きのこソース

＊ ＊ ＊

マヨと牛乳でふんわりさせたオムレツが絶品！容器に入れる際は、ソースが下になるように入れるのがポイント。オムレツがきれいな状態で保存できます。

材料 2食分（各280g）

A 卵（割りほぐす） —— 4個
　 牛乳 —— 大さじ2
　 マヨネーズ —— 小さじ1
玉ねぎ（薄切り） —— 1/2個
しめじ（小房に分ける） —— 1袋
B トマトケチャップ —— 大さじ4
　 水、牛乳 —— 各大さじ3
　 ウスターソース —— 大さじ2
　 おろしにんにく（チューブ） —— 2cm
　 顆粒コンソメスープの素 —— 少し
バター —— 20g
サラダ油 —— 大さじ2

作り方

1. ボウルにAを入れてよく混ぜ合わせる。フライパンにサラダ油大さじ1を入れて中火で熱し、卵液の半量を流し入れ、箸でぐるぐる混ぜる。底面が固まってきたら火からおろし、オムレツの形に整えて余熱で火を通し、取り出す。もう1個も同様に作る。
2. 1のフライパンの汚れを拭き、バター10gを入れて中火で熱し、玉ねぎ、しめじを入れてしんなりするまで3分ほど炒める。
3. 弱火にしてBを加え、ときどき混ぜながら3分ほど煮る。火を止め、バター10gを加え混ぜる。
4. 冷めたら保存容器2個に3を等分して入れ、1のオムレツを1個ずつのせる。ふたをして冷凍する。

食べるとき

保存容器のふたを外し、ふんわりとラップをかける。電子レンジ（600W）で1個につき5分40秒〜6分加熱する。

COLUMN 3　冷凍みそ玉&スープ玉

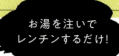
お湯を注いでレンチンするだけ！

湯を注いでレンチンで完成！
みそ玉
冷凍保存期間 **1か月**

作り方
材料の水気を拭き、ラップを15cm四方に広げてAをのせ、次にBをのせる。ラップで包んでねじり、マスキングテープで留める。

食べ方
みそ玉はラップをはずし、凍ったまま耐熱の器に入れ、熱湯200mlを注ぐ。ラップをかけずに電子レンジ（600W）で2分ほど加熱し、よく混ぜる。

豆腐とねぎのみそ玉 ❶

どんな献立にも合わせやすい、定番中の定番。
豆腐は小さく切れば「す」が気になりません。

材料　1人分

A　合わせみそ（だし入り）…… 小さじ2
B　長ねぎ（1cm厚さの斜め切り）…… 4cm
　　綿ごし豆腐（1.5cm角に切る）…… 4個
　　麩 …… 2個

なすとわかめの
赤だしみそ玉 ❷

かつお節はだしにもなるし、具にもなる優れもの！
なすとしめじは凍らせることで味しみがよくなります。

材料　1人分

A　赤みそ …… 小さじ2
　　かつお節 …… 大さじ1
B　なす（小さめの乱切り）…… 1/2本
　　しめじ（小房に分ける）…… 1/6袋
　　乾燥わかめ
　　　（サッと洗って水気を拭く）…… 少し
　　油揚げ（1.5cm角に切る）…… 1/8枚
　　青ねぎ（小口切り）…… 2本

にらとキャベツの
ピリ辛ごまみそ玉 ❸

香ばしいすりごまとラー油、にらが入ったがっつり系。このみそ汁だけで白いご飯がすすみます！

材料　1人分

A　合わせみそ（だし入り）、白すりごま
　　…… 各小さじ2
　　しょうゆ、ラー油 …… 各少し
B　にら（3cm長さに切る）…… 8本
　　キャベツ（3cm大に切る）…… 1/3枚

好きな具材とみそを1人分ずつ丸めてラップで包み、冷凍みそ玉にしておけば、お湯を注いでレンチンするだけで本格的なみそ汁が完成します。冷凍保存期間が1か月と長いので、たくさん常備しておくと毎日楽しめます。同じようにスープ玉も作っておくと、洋食や中華の日に便利。忙しい朝もスープ玉があれば、あったかスープとトーストの朝食が簡単にできあがりますよ。

湯を注いでレンチンで完成！
スープ玉

冷凍保存期間 **1か月**

作り方
材料の水気を拭き、ラップを15cm四方に広げてAをのせ、次にBをのせる。ラップで包んでねじり、マスキングテープで留める。

食べ方
スープ玉はラップをはずし、凍ったまま耐熱の器に入れ、熱湯200mlを注ぐ。ラップをかけずに電子レンジ（600W）で2分ほど加熱し、よく混ぜる。

チーズとBLTのスープ玉 ❹

サンドイッチの名作BLT（ベーコン、レタス、トマト）はスープにしても絶品！ミニトマトは必ず数か所に穴をあけ、レンジ加熱時の破裂を防いで。

材料 1人分

A 顆粒コンソメスープの素、
　トマトケチャップ、
　オリーブオイル —— 各小さじ1
　塩、粗びき黒こしょう —— 各適量
B ミックスチーズ —— 大さじ1
　レタス（小さくちぎる）—— 1/4枚
　ミニトマト（ヘタを除き、
　　爪楊枝で数か所に穴をあける）—— 2個
　ハーフベーコン
　　（1cm幅に切る）—— 1/2枚

オクラとめかぶの
ねばねばスープ玉 ❺

王道ねばねばコンビを凍らせた、体がよろこぶヘルシースープ。鶏ガラとごま油で、中華風味に仕上げました。

材料 1人分

A 顆粒鶏ガラスープの素、
　ごま油 —— 各小さじ1
B オクラ（小口切り）—— 1本
　味つきめかぶ —— 大さじ2

中華風春雨スープ玉 ❻

春雨は水戻し不要！乾燥したまま冷凍スープ玉にしてOKです。かにかまの味と色味がアクセントに。

材料 1人分

A 顆粒鶏ガラスープの素、
　ごま油 —— 各小さじ1
　粗びき黒こしょう —— 適量
　おろししょうが（チューブ）—— 1cm
B かに風味かまぼこ（細かく裂く）—— 1本
　乾燥春雨（短く切る）—— 4g

COLUMN 4　もちもち水浸け冷凍パスタ

まるで生パスタ！

乾燥スパゲティを水に浸けて吸水させると、生パスタ風のもちもち食感に。これをそのまま冷凍保存できます！ 水に浸ける時間は2時間と長めだけれど、その間はほったらかしでOK。水をきって冷凍しておけば、食べたいときに2分ゆでるだけで完成！ お好きなパスタソースをからめてどうぞ。

材料 1人分

冷凍保存期間 **1か月**

スパゲティ
（1.4mm～1.8mm・早ゆでタイプではないもの）
……（乾燥した状態で）**100g**

作り方

❶ ポリ袋にスパゲティを入れ、水をたっぷり注ぐ。スパゲティができるだけ重ならないように平らにならしてから軽く空気を抜き、袋の口を結んで2時間おく（暑い日は冷蔵庫に入れる）。

❷ ポリ袋の水を捨て、解凍時に鍋に入れやすいようにパスタをくるっと丸める。袋を縛って保存容器に入れ、冷凍する。

 食べるとき
鍋にたっぷり湯を沸かして塩を適量加え、凍ったままの冷凍パスタを入れる。1分ほどして湯が再沸騰したらほぐし、さらに1分ゆでる。

レトルト不要の
下味冷凍ミックス

時間があるときに、肉や野菜を切って
調味料をもみこんで冷凍しておけば、包丁いらずで1品完成!
どれも調味されているので、味つけの手間もなし。
凍ったままの下味冷凍ミックスを加熱調理するだけで、
手が込んだようなメニューができますよ。
レトルト食品を使うくらい簡単なのが最高です!

☐ 新鮮な食材を使用してください
☐ 野菜はきれいに洗ってしっかり水気を拭いてから保存してください
☐ 保存袋は冷凍用の清潔なものを使用し、使いまわさないでください

CHAPTER
7

炊き込みご飯ミックス

材料　保存袋・中サイズ1袋分

鶏もも肉（2cm大に切る）……1枚
れんこん（薄いいちょう切り）……1/2節（150g）
にんじん（薄い短冊切り）……1/3本（50g）
乾燥ひじき（サッと洗って水気を拭く）……5g
冷凍枝豆（むき身）……100g
A｜白だし……大さじ5
　｜酒、みりん……各大さじ1

作り方

❶ 冷凍用保存袋に鶏肉、Aを入れてよくもみ、その上にひじきを入れ、にんじん、凍ったままの枝豆、れんこんを入れる（野菜はどの順に入れてもよい）。

❷ できるだけ平らにし、空気を抜いて冷凍する。

冷凍保存期間 **3週間**

炊き込みご飯が気軽に作れます。
ひじきは戻さず、乾燥のまま入れてOK。
半量で作るとご飯1.5合分です。
具材は、ごぼう、しいたけ、
さつまいもなどに変えてもおいしいです。

お米に冷凍ミックスをのせて炊くだけで、
具だくさんの炊き込みご飯に。
低い水温から炊くことで、お米がふっくら粒立ちます。

RECIPES FOR USE

五目炊き込みご飯

材料　茶碗8杯分

冷凍炊き込みご飯ミックス
……1袋
米……3合

作り方

❶ 米は洗って30分浸水させ、ザルにあげる。

❷ 炊飯器の内釜に❶を入れて水460mlを加え、凍ったままの炊き込みご飯ミックスをのせる。通常の米と同様に炊く。

水を加えで煮るだけで
ボリュームたっぷりのスープが完成。
野菜のうまみがスープにしっかり溶け出します。

RECIPES FOR USE
***

具だくさんミネストローネスープ

[材料] 4人分

冷凍ミネストローネミックス …… 1袋
水 …… 500mℓ

[作り方]

① 鍋に分量の水、凍ったままのミネストローネミックスを入れてふたをし、強火にかける。

② 沸騰してきたらふたを外して弱火にし、具をほぐす。ときどき混ぜながら、15分ほど煮る。

ミネストローネミックス

冷凍保存期間 **3週間**

[材料] 保存袋・中サイズ1袋分

ブロックベーコン（1.5cmの角切り） …… 80g
冷凍フライドポテト（くし形切り） …… 8本
大豆（水煮） …… 100g
玉ねぎ、にんじん（ともに8mmの角切り） …… 各1/2個
A トマト水煮缶（カットタイプ） …… 1/2缶（200g）
　オリーブオイル …… 大さじ1
　顆粒コンソメスープの素 …… 小さじ2
　粗びき黒こしょう …… 小さじ1
　塩 …… 少し

[作り方]

① 冷凍用保存袋にA、ベーコン、大豆、玉ねぎ、にんじん、冷凍ポテトを入れる（野菜はどの順に入れてもよい）。

② できるだけ平らにし、空気を抜いて冷凍する。

疲れているけど野菜はたっぷり食べたい、というわがままなリクエストにこたえる冷凍ミックス。食材をじっくり炒める代わりに、下味冷凍で素材のうまみを引き出します。じゃがいもは冷凍ポテトでOK！

えびピラフミックス

冷凍保存期間 3週間

| 材料 | 保存袋・中サイズ1袋分 |

むきえび —— 200g
にんじん（みじん切り）—— 1本
ピーマン（みじん切り）—— 1個
玉ねぎ（みじん切り）—— 1/4個
バター —— 20g
A 酒 —— 大さじ2
　 顆粒コンソメスープの素 —— 大さじ1
　 塩、こしょう —— 各小さじ1/4

| 作り方 |

❶ 冷凍用保存袋にむきえび、Aを入れてなじませる。その上ににんじん、ピーマン、玉ねぎを入れ（野菜はどの順で入れてもよい）、バターも入れる。

❷ できるだけ平らにし、空気を抜いて冷凍する。

家族みんなが大好きな
ピラフがパパッと作れる冷凍ミックス。
玉ねぎを入れすぎると
ベチャッとした仕上がりになるので
少なめにしてください。
半量で作ってもOKです。

冷凍ミックスにバターが入っているので、
お米がパラっと炊き上がります。えびの風味が効いた、あと引く味。
炊飯器にポンと入れるだけ！レトルト感覚で使えます。

RECIPES FOR USE
＊＊＊

えびピラフ

| 材料 | 6〜8人分 |

冷凍えびピラフミックス —— 1袋
米 —— 3合
パセリ（刻む・好みで）—— 適量

| 作り方 |

❶ 米は洗って30分浸水させ、ザルにあげる。

❷ 炊飯器の内釜に❶を入れて水500mlを加え、凍ったままのえびピラフミックスをのせる。通常の米と同様に炊く。炊き上がったら器に盛り、好みでパセリを散らす。

バターチキンカレー

冷凍している玉ねぎから甘みが溶け出すから、炒める手間が不要。生クリームでまろやかに仕上げます。市販のナンと一緒に食べるほか、ご飯にかけてもおいしいです。

[材料] 4人分

冷凍バターチキンカレーミックス
　── 1袋
水 ── 200㎖
生クリーム ── 50㎖
ナン（市販）── 4枚

[作り方]

❶ 鍋に分量の水と凍ったままのバターチキンカレーミックスを入れてふたをし、強火にかける。沸騰してきたら弱火にし、具材をほぐす。ときどき混ぜながら15分ほど煮る。

❷ 器に盛り、生クリームをかける。ナンにつけていただく。

バターチキンカレーミックス

冷凍保存期間 **3週間**

冷凍している間に鶏肉に味がしみ込むので、短時間の煮込みで完成します。冷凍でこの味が食べられるなんて、と感動するはず。カレー粉は辛すぎない量なので、好みで増やしてくださいね。

[材料] 保存袋・中サイズ1袋分

鶏もも肉（ひと口大に切る）── 1枚
玉ねぎ（薄切り）── 1/2個
トマト水煮缶（カットタイプ）── 1/2缶（200g）
バター ── 30g
A　トマトケチャップ ── 大さじ3
　　カレー粉 ── 大さじ1と1/2
　　はちみつ ── 大さじ1
　　おろしにんにく、おろししょうが
　　　（各チューブ）── 各3cm
　　顆粒コンソメスープの素…小さじ1/2

[作り方]

❶ 冷凍用保存袋に鶏肉、トマト缶、Aを入れてよくもむ。その上に玉ねぎ、バターを入れる。

❷ できるだけ平らにし、空気を抜いて冷凍する。

105

担々麺ミックス

材料 保存袋・中サイズ1袋分

豚ひき肉 ── 150g
長ねぎの白い部分（1cm幅の斜め切り）── 1本分
長ねぎの青い部分（みじん切り）── 1本分
チンゲン菜（5cm長さに切る）── 1株
A 砂糖、白すりごま、みそ…各大さじ1
　しょうゆ ── 大さじ1と1/2
　コチュジャン ── 大さじ1/2
　ごま油、おろしにんにく（チューブ）── 各小さじ1
　顆粒鶏ガラスープの素、豆板醤 ── 各小さじ1/2

作り方

① 冷凍用保存袋にひき肉、長ねぎの青い部分、混ぜ合わせたAを入れてよくもむ。その上に長ねぎの白い部分、チンゲン菜を入れる。

② できるだけ平らにし、空気を抜いて冷凍する。

冷凍保存期間 **3週間**

ひき肉に下味をつけて冷凍しておけば、お店みたいな担々麺が簡単に作れます。チンゲン菜と長ねぎ入りで風味も楽しめます。

RECIPES FOR USE

担々麺

材料 2人分

冷凍担々麺ミックス ── 1袋
水 ── 300㎖
豆乳（無調整）── 300㎖
中華麺（ゆで）── 2玉
ラー油（好みで）── 適量

作り方

① 鍋に分量の水、凍ったままの担々麺ミックスを入れて強火にかける。沸騰してきたら弱めの中火にして具材をほぐし、6分ほど煮る。

② 豆乳、中華麺を加えて4分ほど、ときどき混ぜながら煮る。

③ 器に盛り、好みでラー油をかける。

担々麺ミックスを使うと、コクうまスープと具材が15分ほどで完成！クイックランチにも使える手軽さです。中華麺をうどんにしてもおいしいですよ。

RECIPES FOR USE

親子丼

溶き卵は卵白と卵黄が混ざりきらないよう、ざっくり混ぜるのがふわとろ半熟仕上げのコツ。飽きのこない定番の味です。

材料 2人分

冷凍親子丼ミックス —— 1袋
水 —— 300mℓ
卵 —— 4個
温かいご飯 —— どんぶり2杯分
三つ葉（好みで）—— 適量

作り方

❶ 深めのフライパンに分量の水、凍ったままの親子丼ミックスを入れてふたをし、強火にかける。

❷ 沸騰してきたら弱めの中火にし、ふたを外してミックスをほぐし、6分ほど煮る。

❸ ボウルに卵を割り入れ、ざっくり4回ほど混ぜる。❷に卵の半量をまわし入れ、少し固まってきたら残りの卵もまわし入れる。火を止めてふたをし、卵が好みのかたさになるまで余熱で火を通す。

❹ 器にご飯を盛り、❸を半量ずつ盛る。好みで三つ葉を飾る。

冷凍保存期間 3週間

鶏肉にしっかり味のしみた、極上の親子丼が作れる冷凍ミックス。冷蔵庫に卵がストックしてある日にどうぞ。

親子丼ミックス

材料 保存袋・中サイズ1袋分

鶏もも肉（ひと口大に切る）—— 1枚
玉ねぎ（薄切り）—— 1個
A ┌ 白だし、みりん —— 各大さじ2
　└ しょうゆ —— 大さじ1

作り方

❶ 冷凍用保存袋に鶏肉、Aを入れてよくもむ。その上に玉ねぎを入れる。

❷ できるだけ平らにし、空気を抜いて冷凍する。

海鮮チヂミミックス

[材料] 保存袋・中サイズ1袋分

冷凍シーフードミックス —— 200g
長ねぎ（薄い斜め切り）—— 1本
にら（5cm長さに切る）—— 1束
A 片栗粉、薄力粉、酒 —— 各大さじ2
　ごま油 —— 大さじ1
　顆粒鶏ガラスープの素、
　　七味唐辛子 —— 各小さじ1/2

[作り方]

❶ 冷凍用保存袋に冷凍シーフードミックス、Aを入れてなじむまでよくもむ（シーフードミックスが少し溶けてもよい）。その上に長ねぎ、にらを入れる。

❷ できるだけ平らにし、空気を抜いて冷凍する。

冷凍保存期間 **3週間**

市販の冷凍シーフードミックスで、海鮮のうまみあふれるチヂミミックスが作れます。野菜もたっぷり！粉も全部入れて冷凍し、食べるときは卵と水を入れて焼くだけの手軽さです。

卵と水を加えて、カリッっと食感に焼き上げます。
おかずとしてだけでなく、おつまみや夜食にも。

RECIPES FOR USE

海鮮チヂミ

[材料] 2人分

冷凍海鮮チヂミミックス —— 1袋
A 卵 —— 1個
　水 —— 大さじ1
ごま油 —— 大さじ2
B ポン酢しょうゆ、
　　ラー油（好みで）—— 適量

[作り方]

❶ ボウルに凍ったままの海鮮チヂミミックスをほぐし入れ、Aを加えてよく混ぜる。

❷ フライパンにごま油を入れて弱めの中火にかけ、❶を入れて直径18cmくらいに広げる。7分ほど、焦げないように様子を見ながら焼く。

❸ 底が固まって焼き色がついてきたら、裏返す。フライ返しで全体を押さえ、弱火にして6分ほど焼く。

❹ 食べやすい大きさに切って器に盛り、好みでBをつけていただく。

冷凍した具材のうまみが溶け出したスープがとにかくおいしい！
卵を落としてボリュームアップしてもOKです。

RECIPES FOR USE
✳ ✳ ✳

スンドゥブ

> 材料　2人分

冷凍スンドゥブミックス
　…… 1袋
水 …… 600㎖
絹ごし豆腐（8等分に切る）
　…… 1丁（300g）
糸唐辛子（あれば）…… 適量

> 作り方

❶ 鍋に水、豆腐を入れ、凍ったままのスンドゥブミックスをのせて中火にかける。

❷ 沸騰してきたら弱火にして具材をやさしくほぐし、あさりの口がしっかり開くまで6分ほど煮込む。

❸ 器に盛り、あれば糸唐辛子をのせる。

スンドゥブミックス

冷凍保存期間
3
週間

傷みやすい貝類も下味冷凍しておけば
好きなときに食べられます。また貝の
うまみ成分もアップし、よりおいしくなります。
生のにんにくを加えて香りよく。

> 材料　保存袋・中サイズ1袋分

あさり（砂抜きずみ・洗ったもの）…… 200g
長ねぎ（1cm幅の斜め切り）…… 1本
にら（5cm長さに切る）…… 1束
A　にんにく（みじん切り）…… 1かけ
　　顆粒鶏ガラスープの素、
　　　コチュジャン、しょうゆ、酒 …… 各大さじ1
　　豆板醤 …… 小さじ1/3

> 作り方

❶ 冷凍用保存袋にあさり、Aを入れる。その上に長ねぎ、にらを入れる。

❷ できるだけ平らにし、空気を抜く。保冷剤をのせて急速冷凍する。

CHAPTER 7 レトルト不要の下味冷凍ミックス

チキンライスミックス

材料 保存袋・中サイズ 1/2 袋分
※右の写真は撮影用に倍量になっています

鶏もも肉（小さめのひと口大に切る）…… 1/2 枚
ホールコーン（冷凍）…… 50g
玉ねぎ（みじん切り）…… 1/4 個
A ┌ トマトケチャップ …… 大さじ 3
  │ 酒 …… 大さじ 1
  │ 顆粒コンソメスープの素 …… 大さじ 1/2
  │ オリーブオイル …… 小さじ 1
  └ 塩、こしょう …… 各小さじ 1/8

作り方

❶ 冷凍用保存袋に鶏肉、Aを入れてよくもむ。その上にコーン、玉ねぎも入れる。

❷ できるだけ平らにし、空気を抜いて冷凍する。

冷凍保存期間 **3週間**

チキンライスを作って、卵で包んで、と工程が多いオムライス。家族のリクエストに備えておけるよう、チキンライスを手軽に作れる冷凍ミックスを考えました。

RECIPES FOR USE

ふわふわ卵のオムライス

冷凍ミックスを使って炊飯器でチキンライスを作り、卵をのせればオムライスのできあがり。卵で包まないので、家族4人分でもパッと作れます。

材料 4人分

冷凍チキンライスミックス …… 1袋
米 …… 3合
水 …… 490ml
卵 …… 8個
A ┌ 牛乳 …… 大さじ 4
  └ 塩、こしょう …… 各少し
サラダ油 …… 大さじ 2
トマトケチャップ、
　パセリ …… 各適量

作り方

❶ 米は洗って 30 分浸水させ、ザルにあげる。

❷ 炊飯器の内釜に❶と分量の水を入れ、凍ったままのチキンライスミックスをのせ、通常の米と同様に炊く。炊き上がったら 1 人分（お茶碗 1.5 杯分）ずつ、器に盛っておく。

❸ ボウルに卵を割り入れ、Aを加えてよく混ぜる。フライパンにサラダ油大さじ 1/2 を中火で熱し、卵液の 1/4 量を流し入れて箸でゆっくり 4 回ほど混ぜる。卵液を丸く広げて底が固まってきたらチキンライスにのせ、ケチャップをかけてパセリを添える。残りも同様に作る。

110

下味冷凍ミックスを水と一緒に鍋に入れ、
うどんと煮込むだけ！ 忙しい日のお昼ごはんに重宝します。
家族に調理を頼んでもこれなら作ってもらえそうです。

カレーうどん

材料 2人分

冷凍カレーうどんミックス …… 1袋
水 …… 800ml
ゆでうどん …… 2玉
青ねぎ（斜め切り・好みで）…… 適量

作り方

① 鍋に分量の水、凍ったままのカレーうどんミックスを入れて強火にかける。沸騰したら弱めの中火にして具材をほぐし、ときどき混ぜながら7分ほど煮る。

② うどんを加えて3分ほど、ときどき混ぜながら煮る。

③ 器に盛り、好みで青ねぎをのせる。

カレーうどんミックス

冷凍保存期間 **3週間**

おそば屋さんで食べるような和風のカレーうどんが楽しめる冷凍ミックス。豚肉に片栗粉をまぶしてミックスを作っておくと、解凍調理時に適度なとろみがつきますよ。

材料 保存袋・中サイズ1袋分

豚バラ薄切り肉（2cm長さに切る）…… 150g
にんじん（薄い短冊切り）…… 1/2本
長ねぎ（1cm幅の斜め切り）…… 1本
油揚げ（1cm幅の細切り）…… 1枚
片栗粉 …… 大さじ2
A しょうゆ、みりん、ウスターソース、カレー粉
　　…… 各大さじ1と1/2
　顆粒和風だしの素 …… 小さじ2

作り方

① 豚肉に片栗粉をまぶす。

② 冷凍用保存袋に①の豚肉、Aを入れてよくもむ。その上ににんじん、長ねぎ、油あげを入れる。

③ できるだけ平らにし、空気を抜いて冷凍する。

松本ゆうみ（ゆーママ）

料理研究家、ドーナツ専門店「one for two −おかしのたね−」主宰、冷凍つくりおきマイスター。ベーカリーや洋食店勤務を経たのち、レシピを発信するSNSが人気となる。「きょうの料理」（Eテレ）などのテレビ番組出演や、企業のレシピ開発、CMのフードコーディネートなどをおこなう。著書18冊のうち、『ゆーママの毎朝ラクする冷凍作りおきのお弁当』（扶桑社刊）は15万部を突破。

コツを押さえた冷凍保存で
「いつでもおいしい！」

ゆーママさんちの
すごい冷凍庫

2024年12月30日　第1刷発行

©Yuumi Matsumoto 2024
Printed in Japan
ISBN978-4-86593-699-5

□ 定価はカバーに表示してあります。
□ 本書の全部または一部を無断で使用・転載・複写・複製することは、著作権法上の例外を除き、禁じられています。
□ 本書の全部または一部を写真撮影・スキャン・キャプチャーなどにより、無断でインターネット上に公開したり、SNSやブログにアップすることは法律で禁止されています。
□ 落丁・乱丁が万一ございましたら、小社販売部（048-812-8755）にご連絡ください。送料小社負担でお取り替えいたします。

https://www.orangepage.net

著者	松本ゆうみ
デザイン	高梨仁史
撮影	岡村隆広、松本ゆうみ
取材	安田 光
校正	西進社
DTP制作	アーティザンカンパニー株式会社
調理補助	岡野やや子
編集	池田裕美

発行人	泉 勝彦
発行所	株式会社オレンジページ
	〒108-8357
	東京都港区三田1-4-28　三田国際ビル
	ご意見ダイヤル　03-3456-6672
	書店専用ダイヤル　048-812-8755
印刷所	TOPPANクロレ株式会社